DU COMMERCE

ÉTABLI ENTRE

L'AME ET LE CORPS.

DU COMMERCE
ÉTABLI ENTRE
L'AME ET LE CORPS,
OU

TRAITÉ DE LA LIAISON QUI SUBSISTE ENTRE LE SPIRITUEL ET LE MATÉRIEL.

Fidèlement rendu du Latin

D'EMANUEL DE SWEDENBORG,

Par le Traducteur de la Nouvelle Jérusalem & de Sa Céleste Doctrine.

Edition augmentée du Discours Préliminaire de TH. HARTLEY, Docteur en Théologie, &c.

A LONDRES,
Chez la Société Typographique, St. James Street.

A LA HAYE,
Chez P. F. GOSSE, Libraire de la Cour,
MDCCLXXXV.

LE
TRADUCTEUR FRANÇAIS
AUX
UNIVERSITÉS DE SA PATRIE.

O Vous, Berceaux des Arts & des Sciences, d'où doivent partir les lumieres brillantes & bénignes qui doivent aider l'Europe à ſortir de l'abîme profond de l'erreur, où des ſiècles de l'ignorance la plus craſſe & la plus pernicieuſe l'ont tenue plongée depuis ſi longtems, faites attention à ce que dit Eſaïe Chap. XVIII: v. 3. *Vous tous les habitans du Monde habitable, & vous qui demeurez ſur la terre, ſitôt que l'*ENSEIGNE *ſera élevée ſur les Montagnes, regardez, & ſitôt que le Cor aura ſonné, écoutez.* Cette Prophétie eſt maintenant arrivée, *vous l'oïant ;* Le Seigneur Jéhovah Jéſus, ſeul & unique Dieu du

 Ciel

Ciel & de la Terre, ſeul Créateur de tout Etre viſible & inviſible, ſeul Rédempteur & unique Sauveur, a levé ſon Enſeigne, la précieuſe & ſalutaire Doctrine de ſa NOUVELLE JÉRUSALEM, ſur les Montagnes de l'AMOUR & de la CHARITÉ, de l'Amour envers lui, ſeule ſource de tout bien, & de la Charité envers le Prochain; regardez ſans prévention cette Doctrine, prêtez-y toute l'attention qu'elle mérite, & communiquez-la dans toute ſa pureté aux tendres Plantes commiſes à vos ſoins, pour devenir en vos Pépinieres des Arbres forts & robuſtes, & propres à orner le beau jardin de Jehovah. L'Eternel a fait ſonner le Cor par ſon fidèle Serviteur EMANUEL DE SWÉDENBORG: écoutez-le, & obéiſſez à ſa voix. C'eſt chez une d'entre vous que j'ai puiſé les connoiſſances qui m'ont mis à portée de l'entendre & d'en profiter: & c'eſt en recon-

reconnoiſſance de ce ſervice que je reſſens, à cet égard ſur tout, être de la plus grande importance, que je vous fais l'hommage de cette mienne traduction fidèle, mais littérale, d'un des plus importans Traités de cet incomparable Auteur.

La Matiere de ce Traité eſt d'une aſſez grande conſéquence, pour éveiller l'attention de tout être raiſonnable; en effet, c'eſt faute d'avoir bien connu cette Liaiſon *que le Créateur a établi entre lui & ſa Créature, entre le Spirituel & le Matériel*, qu'un Déluge, ou plutôt une incendie d'erreurs & de maux de toute eſpèce s'eſt rapidement répandue dans l'Egliſe, & l'a totalement ravagée & conſumée. Par ſes lumieres naturelles l'homme n'auroit jamais pû acquérir cette importante connoiſſance, il falloit donc qu'elle lui fût révelée par une Lumière ſupérieure, il falloit que l'Auteur de toutes vérités lui dévoilât lui-même ce grand, cet impénétrable Myſtere. C'eſt ce qu'il vient de faire de nos jours, parce que cette connoiſſance doit former la baſe ſolide de ſa Nouvelle Egliſe qu'il va édifier parmi nous ; hâtons nous donc de l'acquérir, pour devenir en ſes mains des Pierres propres à la conſtruction de cette Egliſe par excellence, qui doit être le couronnement ou le chapiteau de toutes les autres.

L'Auteur dont le Seigneur s'eſt ſervi ici comme d'un inſtrument pour nous dévoiler tous ſes Myſteres, vous avoit déjà fait parvenir des Exemplaires de tous ſes divers Traités Théologiques, en leur Langue originale, comme il le témoigne lui-même en des lettres adreſſées à divers de ſes amis, dont nous avons les copies par devers nous ; il eſt déjà des mieux connu dans la République des Lettres par une foule d'autres ouvrages Phi-

Philoſophiques, qui le mettent à la tête des Ecrivains les plus ſavans & les plus profonds qu'on ait vu paroître en ce monde depuis pluſieurs ſiècles; quant à ſes ouvrages Théologiques, ils ſont d'une Nature trop ſublime pour les faire entrer en comparaiſon avec aucune compoſition humaine. Celui que nous vous préſentons maintenant a déjà été traduit en Anglais par un vénérable Miniſtre de l'Egliſe Anglicane, non moins reſpectable par ſon âge que par ſes vertus, qui lui avoient concilié l'affection de l'Auteur, avec lequel il avoit le bonheur d'être particulierement lié. Le Traducteur Anglais a, comme je le ſais maintenant, humblement adreſſé ſa Traduction aux Univerſités de ſa Patrie. J'ai jugé que ceux d'entre mes concitoïens qui ont déjà quelque connoiſſance des Ecrits de *Swédenborg*, ne ſeront pas fachés de voir en leur Langue les témoignages qu'en a donné ce respectable Traducteur, c'est ce qui m'a engagé à terminer cette mienne Adresse par la Préface qu'il a mise à la tête de sa Traduction. J'espère, & suis d'avance assuré, qu'elle ne pourra qu'être très-agréable à tout Amateur de la vérité; c'est pour eux que je la vais joindre ici, dans l'attente qu'elle contribuera à les affermir encore d'avantage dans cet amour du vrai & du bien, & à leur rendre l'un & l'autre encore plus précieux qu'auparavant.

DISCOURS

DISCOURS PRELIMINAIRE
DU
TRADUCTEUR ANGLAIS
HUMBLEMENT ADRESSÉ
AUX UNIVERSITÉS,
DE LA
GRANDE-BRETAGNE.

Comme le Sujet des Pages ſuivantes eſt de la plus profonde conſidération, auſſi eſt-il de la plus grande importance, ſoit par rapport à la Religion naturelle (*a*), ſoit par rapport à la Religion révelée. Les anciens Athées, tels qu'Anaximandre, Démocrite & bien d'autres, ont fondé leurs Syſtêmes impies ſur l'hypotheſe, que la Matiere étoit le premier & l'unique Principe de tout, à l'excluſion de toute ſubſtance immatérielle. Leurs Sectateurs en infidélité depuis eux juſqu'au tems modernes où nous vivons les ont imité. Il eſt même bon d'obſerver que ce fon-

(*a*) SWEDENBORG démontre clairement dans le Cours de ſes Ouvrages Théologiques, & particulierement en ſon Traité DE VERBO ou de la PAROLE DE DIEU, qu'il n'y auroit jamais eu de *Religion purement Naturelle*, parmi les hommes, s'il n'y avoit pas eu parmi eux auparavant *une Religion révelée*. C'eſt une obſervation que n'avoit pas fait le Traducteur Anglais, au tems où il écrivit cette Préface, & que font même bien peu de gens, mais que nous avons cru devoir préſenter à nos lecteurs Français, par des raiſons que nous aurons occaſion de leur développer ci-après.

fondement, quelque foible qu'il ſoit, eſt le ſeul ſur lequel l'odieux ſyſtême de l'Athéiſme ait jamais pu s'élever. Pour faire paſſer les abſurdités de cette doctrine, qui bannit de la Création & du Gouvernement de l'Univers tout deſſein ſage & prémédité, & toute cauſe finale, & pour empêcher que par de ſimples aſſertions non ſoutenues, ni démontrées, elle n'offenſe le ſens commun du genre humain, qui par ſoi même eſt toujours aſſez enclin à la croïance & à l'adoration d'un Dieu, (*a*) tant que ſes mœurs & ſon éducation n'ont ſouffert aucune corruption, les Auteurs & partiſans de cette impiété ont mis leur invention à forger des Syſtêmes pour rendre raiſon des effets ſans cauſes, au moins ſans des cauſes proportionnées aux effets. Il maintiennent, par exemple, l'Eternité du Monde dans ſa forme actuelle; ou, ſi cette aſſertion ne trouve point de crédit, du moins ſuppoſent-ils une Eternité d'atomes, qui ſuivant la direction du hazard, & d'un mélange heureux, ſont enfin parvenus à s'entre-arranger de telle ſorte, qu'il en eſt reſulté ce beau, ce régulier Syſtême du monde que nous voyons; & comme ils ne ſe ſont pas trouvés moins embaraſſés pour rendre raiſon de la vie, du ſentiment intérieur & de l'intelligence dont l'homme eſt doué, d'après le Plan corpuſculaire de leur invention, ils ſe ſont vus réduits à la dure néceſſité,

(*a*) L'homme n'eſt naturellement ainſi enclin, & porté à une telle croïance & adoration, que par l'influence immédiate de Dieu en ſon ame, influence qu'il lui a fallu étouffer pour avoir pu paſſer à l'Athéiſme —— Autre vérité frappante que *Swedenborg* démontre très clairement dans le Cours de ſon Traité DU VERBE ou de la PAROLE DE DIEU.

néceſſité, d'aſſigner à la matiere ſous certaine modification particuliere, certains pouvoirs actifs, qui ne s'accordent abſolument point avec ſes propriétés connues & eſſentielles: en affirmant que l'ame n'eſt autre choſe qu'une configuration plus délicate & plus rafinée d'atomes, & que toutes les opérations mentales procedent des mouvemens méchaniques de la matiere rarefiée; poſant ainſi pour Principes de vie & d'entendement, les ſimples modifications de ce qui en ſoi même n'a rien de vivant & d'intelligent, de ſorte qu'ils attribuent plus à l'effet qu'il n'eſt au pouvoir de la cauſe de lui donner. Ces abſurdités compliquées (que l'on doit regarder comme autant d'affronts audacieux faits à l'entendement humain, ainſi que comme autant d'efforts malins faits pour détruire également & la paix & la ſureté de la Société, autant que le bonheur & la conſolation de chacun de ſes Membres) ont été ſi généralement découvertes & refutées, que l'Athéisme, comme Syſtême, n'oſe plus lever la tête, mais il ſe cache ſous de fauſſes enveloppes, & cherche à ſéduire ſous des apparences plus ſpécieuſes. Il ne ſe preſente plus comme un ſépulchre ouvert, mais comme un ſépulchre blanchi; il ne déclare plus une guerre ouverte à la Majeſté du Dieu tout puiſſant, mais il cherche ſourdement à ſapper ſes attributs, de maniere à faire que les hommes ceſſent de croire en lui: il ne s'oppoſe pas directement à l'immortalité de l'ame, mais il tâche par ſes faux raiſonnemens d'annuller les Preuves ſur leſquelles elle eſt fondée. Delà eſt découlée cette Philoſophie fauſſe & corrompue, qui attribue l'influence à la Matiere, ainſi que la faculté, ou aumoins la capacité de penſer, & le pouvoir d'agir de ſon propre chef: pouvoir propre à exciter en

l'homme

l'homme des ſenſations, & à lui faire tirer de là des idées & de l'intelligence; conformement à cette maxime de l'Athéiſme, qui dit que *Rien n'eſt en notre intelligence, qui n'ait été auparavant dans nos ſens;* tandis néanmoins que c'eſt la faculté perceptible ou intellectuelle de notre eſprit qui donne leur nom à nos ſens, ainſi que leur nature; auſſi, après que l'ame eſt ſéparée du corps, celui-ci demeure-t-il dénué de ſens; ou en d'autres termes, c'eſt l'ame qui par l'eſprit ou ſa faculté mentale, & moyennant la bonne diſpoſition des organes, atteint les objets, & non les objets mêmes qui font aucune impreſſion ſur l'eſprit, par quelque pouvoir influxible qui ſoit renfermé & inhérant en eux. C'eſt d'après une pareille illuſion de l'erreur, que d'autres ont admis en place de Dieu, la Nature pour premier principe de toutes choſes, cherchant par elle à rendre raiſon de toute opération & toute production Phyſique; tandis néanmoins qu'en elle même la Nature n'eſt rien, qu'elle n'eſt pas plus que le Hazard, qui n'eſt qu'une expreſſion vuide de ſens ou d'idée qui s'y rapporte, ſi on l'enviſage ſous aucune autre point de vue, que ſous celui du Syſtême général des Loix par leſquelles le Seigneur Dieu ſoutient ce Monde viſible, & y produit cette infinie variété de formes & d'effets qu'on y obſerve conformement à un cours établi & régulier de cauſes & de moyens ſubordonnés (*a*). Et par conſequent,

(*a*) Quiconque veut ſe ſatisfaire pleinement ſur le ſyſtême général des Loix par leſquelles le Seigneur maintient tout ce vaſte Univers, dans le bel ordre que nous y obſervons, doit lire & relire avec la plus grande attention le Traité de *Swédenborg* intitulé *Sapientia Angelica de Divina Providentia & de Divino Amore*, Imprimé à Amſterdam en 1763 & 64.

quent, là où l'Esprit ne porte point ses vues au delà d'une Nature qu'il suppose gratuitement être un agent ou un principe actif par soi-même ou de son propre chef, il dérobe à Dieu l'honneur qui n'est du qu'à Sa Majesté divine, pour le transférer à l'Idole chimérique qu'il s'est formée lui-même. Autant donc une fausse Philosophie tend à bannir la Religion de l'esprit de l'homme, autant au contraire la véritable & saine Philosophie lui est-elle soumise, & autant est-elle l'amie intime de la véritable Théologie. C'est la premiere de ces Philosophies, telle à peu près qu'étoit celle des Epicuriens & des Stoïciens de son tems, que l'Apôtre joint aux vains raisonnemens, conformes à la tradition des hommes, en son Epître aux Colossiens, Chap. II: v. 8. *tandis que le vrai Philosophe est celui qui considere avec une attention humble & religieuse les œuvres du Seigneur, & les opérations de ses mains, de maniere que des choses qui sont créées & qui paroissent, il puisse parvenir à une connoissance plus raisonnable des choses invisibles de Dieu, savoir tant de sa Puissance éternelle, que de sa Divinité.* Rom. I: v. 20. Si bien que parler contre la saine & véritable Philosophie, c'est parler contre la connoissance des œuvres de Dieu & de ses merveilles, telles qu'il les a manifestées dans la Création, & contre l'usage convenable où conduisent des progrès intellectuels de cette sorte. C'est à cet usage convenable, savoir à celui qui nous mene à une connoissance plus prochaine de Dieu, tant comme étant le Dieu de la Nature, que le Dieu de notre salut, c'est, dis-je, à cet usage convenable que notre Auteur a employé tous ses talens Philosophiques parmi tous ses volumineux Ecrits, & dans le court Traité, qu'il intitule *Petite Lucubration*, il

a

a exposé, pour l'usage de ceux dont l'esprit est porté à des recherches de cette nature, quelques maximes à ce sujet, qui sont d'une beaucoup plus grande importance qu'elles ne paroissent au premier coup d'œil, & qui conduisent à la connoissance de certaines vérités très essentielles en Théologie.

La Doctrine de l'Influence, comme propriété attribuée à la matiere, Doctrine qui par une telle supposition fait de cette matiere la base & le fondement du savoir & des affections qui sont en notre ame, approche de bien plus près l'Athéisme corporel ou le Matérialisme, qu'on ne se l'imagine ordinairement: d'autant plus qu'elle attribue à la Matiere la priorité & la prééminence sur l'Esprit, représentant la premiere comme un principe actif, & le dernier comme un sujet passif, qui reçoit d'elle toute la fourniture de ses idées & des progrès intellectuels qu'il fait. Aussi le Théiste religieux est-il intéressé par principe, & dans l'obligation de s'opposer à une Doctrine qui sappe par la racine la religion naturelle (*a*): & cette

(*a*) C'est ici le lieu de s'étendre quelque peu sur ce qu'on doit entendre par *Religion Naturelle*, & de démontrer, comme le fait notre Auteur aux endroits cités à la Note *a*, *page* 11. qu'une Religion purement & simplement naturelle n'auroit nulle existence parmi les hommes, s'il n'en existoit en quelque coin de la terre une *Révélée*. La Religion suppose une connoissance d'un Etre suprême quelconque, dont le culte fait l'essence de cette religion. L'homme purement & simplement naturel n'a d'autres connoissances que celles qui lui viennent des sens extérieurs & naturels; or ces sens ne lui donnent aucune connoissance d'un tel être; comment donc auroit-il aucune Religion? Si donc par Religion Naturelle on entend celle que l'homme acquiert par les simples lumieres de la Nature, on se trompe grossierement, car par ces lumieres l'homme n'en

cette excellence & prééminence de l'ame ſur la Matiere, excellence qui fournit les meilleurs argumens naturels pour ſupports de ſon immortalité. Mais le Chrêtien ſe trouve encore bien plus intéreſſé en cette matiere, & elle lui touche de bien

n'en a jamais acquis & n'en acquierera jamais aucune, & cela, parce que ce n'eſt pas & ce ne peut pas être par ces lumières, qui en elles-mêmes & par elles-mêmes n'ont rien de commun avec le Ciel, ce n'eſt pas, dis-je, par ces lumières qu'il y aura jamais la moindre communication avec le Ciel. Les Argumens qu'apporte Ciceron dans ſon traité de la Nature des Dieux, comme preuves du contraire de ce que j'avance, n'invalident aucunement mon aſſertion; & ce, parcequ'il n'eût jamais été lui-même dans le cas de produire de tels argumens, s'il étoit né en un lieu où les hommes euſſent été purement & ſimplement naturels, & où il n'y auroit eu parmi eux aucune culture ſpirituelle quelconque; mais comme tout le contraire ſe trouvoit à ſon égard, les argumens qu'il rapporte, ainſi que ceux généralement de tout écrivain qui s'eſt efforcé de démontrer l'exiſtence d'une Religion Naturelle, ne ſont donc en réalité que les fruits d'une influence ſpirituelle, dérivée d'une Parole révelée quelconque, par laquelle ſeule il peut y avoir & il y a réellement une communication médiate & immédiate entre le ciel & l'homme. Ce n'eſt que faute de ſentir perceptivement une telle influence, laquelle ne communique jamais qu'avec la partie la plus intime de l'ame, qu'on s'eſt aviſé d'imaginer qu'il pouvoit y avoir une Religion purement naturelle; mais pour ſe convaincre du contraire; qu'on refléchiſſe attentivement à l'article du traité de *Swedenborg* touchant la Parole de Dieu, où il dit: *Que s'il n'y avoit un Verbe, c'eſt-à dire, Une Parole Divine parmi les hommes, nul n'auroit la moindre connoiſſance de Dieu, du ciel, & de l'enfer, non plus que de la vie après la mort, & beaucoup moins encore touchant le Seigneur.* Qu'on liſe & reliſe encore avec la même attention l'article qui precéde celui-ci, où l'auteur explique: *Que c'eſt par la parole que ceux-là même ont auſſi de la lumiere, qui ſont nés & élevés hors du ſein de l'Egliſe & qui par mieux n'ont pas une parole ou Verbe révélé.* Ces deux Articles ſont d'une ſi grande importance

bien plus près, d'autant que les principes de sa Religion lui découvrent la dignité de son extraction comme fils de Dieu, & comme un être exalté à la participation de la nature divine en Jésus Christ (*a*). Elle lui apprend à considérer le corps corruptible,

portance que nous croirons rendre service aux Amateurs intimes de la vérité, en les joignant à la fin de ce Discours. L'Expression de *Religion Naturelle* n'est donc raisonnable & bien fondée, qu'autant que par elle on entend une Religion conforme aux loix naturelles, c'est-à-dire, à celles que le Créateur a établies en la nature de l'homme : l'observation desquelles est seule capable de le conduire au vrai bonheur, tant dans le tems que dans l'éternité. En ce sens par Religion naturelle on doit entendre la Religion conforme aux loix de l'ordre que le Seigneur a établi pour route naturelle & assurée de la félicité de ses enfans ; route dont ils ne peuvent s'écarter, sans se mettre en un état contre nature, & sans, par conséquent, sortir de l'ordre pour tomber dans le désordre. Mais il faut bien faire attention qu'il n'y a qu'une *Religion révélée* qui montre cette route.

(*a*) Il faut bien prendre garde de ne pas donner ici dans une erreur très grossiere, en s'imaginant que l'homme puisse jamais parvenir à la participation de la nature divine; car il en résulteroit bientôt que les hommes viendroient à imiter les Esprits Sataniques qui composent l'enfer, & se croiroient des Dieux. Il n'y a jamais eu que *l'homme-Dieu*, c'est-à-dire *Jehovah Dieu qui s'est fait homme*, qui puisse avoir rendu son humanité parfaitement divine, comme l'a clairement démontré *Swedenborg* en son traité *De Domino*; c'est aussi pour cela que le Seigneur est ressuscité tout autrement que ne ressuscite aucun autre homme, & que son corps n'a point vu la corruption, conformément à ce qu'en avoit prédit David, Pseaume XVI de nos traductions ordinaires, verset 10. *Car tu ne délaisseras point mon ame dans le sepulchre, tu ne souffriras point que ton bien-aimé voye ou sente la Corruption.* Paroles prophétiques, qui démontroient que l'humanité de Jésus Christ devoit être totalement différente de celle de tout autre homme, & qu'elle devoit être entierement divinisée par son intime & parfaite union avec la divinité d'où elle procedoit; au

corruptible, dont il eſt revêtu ici bas, comme une incruſtation groſſiere de mortalité, une véritable priſon qui lui tient lieu de cloiſon entre lui & la perfection où il doit atteindre; elle lui montre que ſa vie réelle & propre, qui eſt ſon amour & ſa ſageſſe, eſt en Dieu, & vient de Dieu par influence & par émanation, & quoiqu'il ſoit pour le préſent comme lié, & pour ainſi dire gâroté en cette forme matérielle comme dans le maillot de ſon enfance, néanmoins à meſure qu'il meurt à l'amour des objets matériels, il avance en ſa crue ſpirituelle, rompt ſes liens, & s'éleve dans la liberté des enfans de Dieu. Mais quoique les principes de notre ſainte Religion nous enſeignent ces vérités, & quoiqu'à certains égards tout Chrétien y donne ſon conſentement, il en eſt cependant fort peu qui y ajoutent fonciérement la foi qu'on y devroit ajouter, un fort petit nombre les entend conformement au fond & dans la bâſe même d'une véritable Théoſophie. Par exemple, chacun reconnoit en effet aiſément que la vie eſt & vient de Dieu, & chacun l'appelle aiſément l'auteur de la vie, mais ils regardent la vie comme un don une fois fait, & qui après ſubſiſte en eux par ſoi-même, comme un principe détaché de Dieu, & qui pour ſa continuation dépend

au lieu qu'il ne peut y avoir que CONJONCTION entre l'homme & Dieu, & non UNION comme il y a entre l'humanité en Jéſus-Chriſt & la Divinité. Il en eſt de l'homme & de ſa nature, même ſpirituelle, avec Dieu & ſa nature divine & même humaine (qui eſt entierement diviniſée) comme de deux tangentes qui s'approchent ſans ceſſe & à l'infini, ſans jamais pouvoir ſe toucher & ſe confondre l'une en l'autre ou s'unir parfaitement. Obſervation qu'il eſt fort eſſentiel de faire pour prévenir bien des abus des plus funeſtes, & de la plus fatale conſéquence.

dépend d'autres causes totalement distinctes & séparées de Dieu; tandis qu'en réalité la vie procède de Dieu par une influence continuelle, exactement comme la lumiere qui nous éclaire en nos maisons procède du soleil par une émanation continue qui ne cesse d'en dériver; de sorte qu'il ne seroit pas si convenable de comparer la dérivation de la vie de Dieu en l'homme à la fleche tirée du carquois ou décochée de son arc, qu'au ruisseau qui découle sans cesse de sa source; & il est plus convenable de dire que c'est de Dieu que nous vivons, que de dire que nous vivons par lui. Il faut avouer que cette considération de notre existence dérivant de Dieu par influence, ajoute considérablement au sentiment que nous devons avoir de ce que nous dépendons continuellement de lui. „ *Sachant qu'en lui nous avons la vie, le mouvement „ & l'être*", comme il est dit au XVII Chap. des Actes, vs. 28. Et qu'elle nous fait reconnoitre avec justice la vie de Dieu en l'ame de l'homme, laquelle entant que l'homme est en l'état qui lui est est propre, est une vie divine; & quand il arrive qu'il en est autrement, la cause git en l'abus du libre arbitre de la part de l'homme: elle vient de ce que ce récipient de vie place mal ses affections, selon cette maxime qui dit: *Quidquid recipitur, ad modum recipientis recipitur*: Tout ce qui est reçu, est conformément à la nature du récipient, ou bien à sa maniere.

Le penchant qu'a le cœur humain à se fixer aux objets des sens, joint à l'amour déreglé qu'il a pour eux, tout cela fortifié par l'exemple & la coutume, rend la nature matérielle si familiere aux pensées tant des savans que des ignorants, que par degré on diroit qu'ils y deviennent enchaînés: de là vient qu'une si grande multitude tombe dans la classe de ceux dont l'Apôtre Jude dit qu'ils sont

des

des Gens sensuels, n'ayant point d'esprit. vs. 19. Delà vient aussi que toutes les théories des hommes spéculatifs & d'un esprit philosophique, qui donnent la prééminence à la matiere sur l'esprit, ont généralement prévalu, tandis que le petit nombre de gens d'un esprit plus rafiné, & d'un entendement plus dégagé de la matiere, passent généralement pour des rêveurs & des enthousiastes.

De ce penchant au matérialisme qui prévaut si généralement parmi les hommes, s'est introduit dans la Religion le Système des Saducéens, qui nient absolument toute apparence surnaturelle, ainsi que toute communication extraordinaire avec un monde spirituel; tandis néanmoins que des Dispensations de cette nature ont existé dès le commencement, puisque nous voyons que l'Ecriture en est remplie, non seulement dans sa partie qui fait mention des tems des Patriarches, mais meme en celle qui traite de ceux d'après que la Loi eut été donneé, & nous n'y lisons nulle part que le peuple de Dieu ait jamais allegué les dispensations ordinaires de la Parole écrite, ou d'un ministere régulierement établi, contre l'utilité ou même le besoin de pareilles communications, (comme cela se pratique si généralement aujourd'hui) ils les ont au contraire constamment considéré comme des marques toutes particulieres de la bonté & faveur Divine, & comme une des plus hautes prérogatives de l'Eglise; ils se lamentoient au contraire de leur perte & de leur supression, qu'ils regardoient toujours comme des présages tristes et affligeants: ainsi qu'il est dit au sujet de la vocation extraordinaire de Samuel, que *la Parole du Seigneur étoit Précieuse en ces Jours là, il n'y avoit point de Vision manifeste.* 1. Samuel Chap. III. v. 1. comme aussi au Pseaume LXXIV: 9. *Nous ne voyons plus nos*

ENSEIGNES, il n'y a plus de Prophétes & aux Proverbes XXIX: 18. il est dit; *Lors qu'il n'y a point de Vision. le peuple est abandonné*, ou plutôt *périt.* Et de plus, le but de la plus haute dispensation de l'Evangile ne fut jamais d'annuller à l'avenir la continuation accidentelle de ces grâces extraordinaires dans l'Eglise; car nous lisons dans les Archives Sacrées de la sainte Ecriture, que mention y est faite de Visions, d'Apparences Angéliques, de Dons Prophétiques &c., même après l'ascension de notre Seigneur, & après le jour de la Pentecôte; & de peur que nous n'allions nous imaginer ou supposer qu'elles aient dû se borner à ces tems là, l'Apôtre Pierre cite la Prophétie de Joël, touchant les dons de Prophétie & de Vision, qui devoient etre accordés aux derniers jours, & termine son exhortation en disant à ses Auditeurs: *Vous recevrez le Don du St. Esprit; car à vous et à vos enfans est faite la promesse, & à tous ceux qui sont encore loin autant que le Seigneur Notre Dieu en appellera à soi.* Actes II: 39. & il n'en exceptoit aucun des Dons extraordinaires. Certains prétendus Savans ont pris bien de la peine pour persuader à l'Eglise de Christ que tout espoir de dons de cette nature lui est actuellement ôté; ils ont même voulu marquer jusquà l'anneé où tous Miracles & événemens de nature surnaturelle ont dû se départir de notre Sion; & de façon ou d'autre cette Croyance a fait d'étranges progrès parmi nous, sous l'idée ridicule que nous professions une Religion plus raisonnable; comme s'il étoit plus raisonnable de croire que l'Eglise Chrêtienne est actuellement beaucoup moins l'objet des soins tout particuliers du Seigneur qu'elle ne l'étoit anciennement: ou encore comme s'il étoit plus raisonnable de penser que nous sommes actuellement parvenus à des tems, &

& à un état de choſes qui ſoient de nature à rendre pareilles grâces moins néceſſaires ou moins utiles & moins deſirables qu'elles n'ont pû l'etre dans l'ancien tems. L'Argument qu'on a coutume d'objecter à l'uſage, ou même à ce qui peut avoir occaſionné pareilles diſpenſations, tiré de l'état du Chriſtianisme qu'on allegue être actuellement une Religionplemement établie,eſt trop foible de beaucoup, pour prévaloir auprès d'hommes éclairés, & leur en impoſer, à moins qu'on n'accorde qu'il auroit du avoir la même force ſous l'établiſſement ſemblable de la Religion des Juifs, ou à moins qu'on eût lieu d'en attendre davantage en faveur de la Religion, de l'établiſſement actuel des hommes, que de ceux qui étoient ſous une plus immédiate direction ſurééminente d'une Providence toute ſinguliere. Mais qu'ont fait les établiſſements des hommes, ou même que peuvent-ils faire? il eſt bien vrai qúils peuvent nous exempter de perſécutions, & par-là nous procurer une vie paiſible, en toute piété & honêteté; & cela même, il faut l'avouer, eſt une grâce, qui exige toute la reconnoiſſance imaginable. Ces établiſſemens peuvent auſſi faire accorder au clergé les richeſſes & honneurs de ce monde, ou l'en priver; mais peuvent-ils par une loi établir la pieté au cœur de l'homme? peuvent-ils par des actes paſſés d'uniformité, préſerver parmi nous l'unité de la foi? Par quelque méthode de vigilance qu'on puiſſe adopter, peuvent-ils empêcher l'ennemi de ſemer l'ivroïe de l'erreur & de l'héréſie dans le Champ de l'Egliſe, ou dompter les pouvoirs des Ténébres par l'Epée ſéculiere? Que dis-je! Quelles erreurs même ces ſortes d'établiſſements humains n'ont-ils pas ſoutenues? Quelles perſécutions n ont-il pas autoriſées contre les meilleurs Chrêtiens, & toujours ſous le prétexte de ſervir Dieu? Ainſi le mot Etabliſſement ne peut en ce cas nous fournir aucun argument que nous puiſſions alléguer, car le Magiſtrat civil peut tout auſſi bien protéger l'erreur, & comme Janus avec ſes deux viſages, peut ſe montrer également favorable à la Doctrine de Rome qu'à celle de Geneve: mais là où de mauvais argumens n'ont pas le pouvoir de conclure, le ridicule au moins gagne le deſſus; & en conſequence ce moyen a été auſſi employé pour décréditer la Croyance de toute communication ſurnaturelle, la tournant en dériſion, ſous le nom de Nouvelles Lumieres. De toutes les conditions, celle de moqueurs & de railleurs eſt la pire & la plus dangereuſe, tant par la particuliere diſpoſition de leur cœur, qui conſtitue leur propre caractere, que parce qu'ils ne ſont point capables dêtre convaincus par aucun argument; & je ne crois pas qu'il paroiſſe en aucun paſſage de l'Ecriture qu'aucun homme de cette trempe ait jamais été converti à la Vérité. Je ne prendrai point ſur moi de dire ici combien l'action de tourner en ridicule cette lumiere intérieure, entant que lumiere communiqueé par Dieu à l'ame, approche de la nature, ou mérite le nom du Péché irrémiſſible, mais j'oſerai dire ſeulement, que ceux qui ſont tentés de tenir une telle conduite feront très bien de ſe tenir ſur leur gardes; car ſache, ô Homme, qui que tu ſois, que ſi tu n'as pas de lumiere ſurnaturelle en toi, ton nom eſt parfaites ténébres, & que les ténébres ſont ta derniere fin, & ſi ce qui devroit être lumiere au dedans de toi, ſe trouve être ténébres, combien grandes ſeront ces ténébres? Quand aux préventions que certaines gens s'efforcent d'inculquer contre toute eſpèce de découvertes faites par des communications extraordinaires, ſous le reproche ridicule que ce ſont de nouvelles lumieres, il ſuffit pour

les

les détruire de répondre que le Dieu de toute bonté n'a jamais discontinué d'accorder sans cesse la découverte de nouvelles vérités, selon son bon plaisir, à tout membre de son Eglise, qui s'est trouvé convenablement disposé pour les recevoir, & ce, soit pour l'avantage général, ou pour l'utilité particuliere: & d'ailleurs ce Dieu ne discontinue jamais d'être tout bon & tout miséricordieux; & certainement ce seroit le plus grand de tous les malheurs pour ses pauvres serviteurs, qui cherchent en angoisse & en perplexité la voie du salut, dans leur pélerinage à travers les sentiers ténébreux d'un monde dangereux, si, assiégés de toutes parts des esprits méchans & des hommes malintentionnés, qui ne se lassent jamais dans les efforts qu'ils font à jetter des pierres d'achopement sur leur route, & à les tourmenter sans cesse, en les infectant de nouvelles erreurs, si, dis-je, dans ce pénible pélerinage ils étoient totalement destitués de nouvelles lumieres, qui pussent les diriger & les mettre en sureté, & si le Pere de de toutes lumieres se trouvoit être moins attentif à veiller à leur préservation, que les pouvoirs des ténébres ne pouroient l'être à veiller à leur destruction. Mais à quoi bon toutes ces clameurs contre une nouvelle lumiere en matieres spirituelles? En effet ne sommes nous pas exhortés à croître en connoissances, tout aussi bien qu'en la grâce de notre Seigneur & Sauveur Jésus Christ? Et là où les moyens ordinaires pour arriver à ces connoissances nous manquent, ou quand ils ne suffisent point aux desseins du salut, comme cela peut souvent arriver, irons-nous supposer que ce qui nous manqueroit d'ailleurs ne nous sera point accordé? ou bien nous opposerons-nous à la réception de la lumiere d'en haut, à moins qu'elle ne nous vienne de telle ou telle maniere, ou selon telle ou telle méthode d'instruction, & prétendrons-nous resserrer ainsi les voïes de Dieu, dans lesquelles il ne s'est lui-même donné aucune borne, mais qu'il a laissées ouvertes exprès, pour une plus ample manifestation de sa gratuité, & pour nous fournir une assistence plus prompte & plus immédiate en tous les tems & dans toutes les circonstances? Assurement un telle conduite ne s'accorde ni avec des sentimens de gratitude, ni avec l'humilité qu'il nous convient d'avoir. On ne se propose ici rien qui s'oppose aux méthodes usitées & régulieres d'instruction & de progrès; à Dieu ne plaise que ce soit-là le but de cet ouvrage! Car il est très certainement de notre devoir essentiel d'en faire un bon usage, comme étant des moyens ordinaires que Dieu nous a prescrits. Mais prendre sur nous d'objecter à ce qu'il nous communique ses lumieres & sa vérité par d'autres moyens & d'autres messagers, c'est mettre des bornes à sa souveraineté ainsi qu'à sa bonté, en un mot c'est lui dire „ *tu iras jusque-là, mais tu ne passeras* „ *pas outre.*" Nous ne sommes que trop portés à nous vanter de nos nouvelles lumieres dans les Arts & les Sciences, ainsi que dans les différentes branches de Physique; pourquoi donc irions-nous croire que ce n'est que dans ce qui concerne le monde spirituel, que nos connoissances sont incapables d'accroissement & de se perfectionner? Quoi qu'il en soit, s'il en est qui soient assés entêtés de leur vieille ignorance, pour ne point vouloir s'en départir, en faveur d'aucune nouvelle lumiere sur ces matieres, nous les abandonnons volontiers au choix auquel ils veulent s'en tenir.

Il reste cependant sur ce sujet une objection qui mérite notre considération; savoir: si l'on en-

courage

courage la crédulité ſur ces matieres, nous ſerons bientôt inondés d'enthouſiaſtes, de prétendus viſionaires & de leurs ſectateurs: l'autorité d'un témoignage privé ne ſuffit point en pareil cas pour établir la bâſe de notre conſentement & de notre croyance, à moins qu'il ne ſe trouve ſupporté & étayé du pouvoir de faire des miracles. Que comme grand nombre de perſonnes très bien intentionnées ſont d'ailleurs elles-mêmes ſujettes à ſe tromper en pareilles matieres, de même auſſi l'on a connu grand nombre d'impoſteurs de profeſſion qui parcourent le monde pour tromper les hommes, & que comme entre les uns & les autres nous ne ſavons à quoi nous en tenir, ni à qui nous devons croire ou ne pas croire, le parti le plus ſûr & le plus court eſt de ne point ajouter foi à aucunes relations de cette nature. A quoi nous devons répondre :

En premier lieu, qu'il eſt inconteſtablement certain que l'excès de crédulité eſt un extrême dans lequel on ne ſauroit trop ſoigneuſement éviter de tomber, d'autant qu'il nous peut expoſer à maint & maint dangers de la part de toute eſpèce de déluſion & d'impoſture, & qu'il peut occaſionner beaucoup de ſuperſtition: c'eſt pourquoi Jean nous a particulierement recommandé, diſant, *mes bien-aimés ne croyez point à tout eſprit, mais éprouvez les eſprits, s'ils ſont de Dieu; car pluſieurs faux Prophêtes ſont venus au monde*: 1 Epitre de Jean, IV: 1. Mais auſſi doit-on faire attention que ce précepte de précaution n'inſiſte pas moins ſur la néceſſité de croire à quelques eſprits, après les avoir bien & duement éprouvés, que ſur la néceſſité de rejetter les autres. Une Incrédulité obſtinée qualifiée dans l'Ecriture Sainte du titre de mauvais cœur, étant au moins tout

tout aussi dangereuse que l'excès opposé; & les Juifs ne furent pas seulement repris pour leur désobeissance à la loi écrite, mais encore pour n'avoir point ajouté foi aux messages extraordinaires des Prophêtes, lors même que le pouvoir de faire des miracles ne leur tenoit pas lieu de lettres de créances; car Jean Baptiste ne fit point de miracles. La route la plus sure se trouve donc entre ces deux extrêmes, & il est requis de nous de faire le meilleur usage possible de ces secours, qui nous sont accordés pour la direction de notre Jugement en pareils cas. Que le don de distinguer les Esprits soit une faveur qui doive à perpétuité être continuée à l'Eglise, c'est une conséquence qui suit tout naturellement de l'usage quelle en doit faire dans tous les siécles; & il n'est d'ailleurs point du tout raisonnable de supposer que ces paroles de l'Apôtre: *Nous sommes de Dieu; nous connoissons à ceci l'Esprit de verité & l'Esprit d'erreur.* 1 Jean, IV: 6. ne devoient plus avoir ni signification, ni application, passé le tems où il a vécu. Si l'on juge actuellement qu'il suffise de dire, que nous sommes abandonnés à la Parole écrite comme devant être désormais notre seul guide; à cela nous répondrons, que le sens spirituel de cette Parole écrite nous est donné par l'Esprit de vérité, & que c'est par le dernier sens, que le Seigneur nous ouvre l'entendement, afin que nous puissions comprendre les Saintes Ecritures. Ces deux témoins, la Lettre & l'Esprit, réunissant ainsi leur témoignage par l'évidence correspondante, de même que dans un miroir la figure correspond au visage dont elle est une réflexion; d'ailleurs le Seigneur en sa grande gratuité a pourvu à la fureté & à la paix du Chrêtien sincere, en lui promettant une lumiere, qui

qui lui suffiroit dans tous les doutes relativement au salut. *Si quelqu'un veut faire sa volonté* (c'est à dire s'il est déterminé d'obéir à ce qu'il sait être la volonté de Dieu.) *il connoitra de la Doctrine, savoir si elle est de Dieu.* Jean, VII: 17. Et quant à ces petites déceptions ou méprises & erreurs de jugement qui n'interviennent avec aucun devoir d'obligation religieuse ou morale, on les peut comparer aux folies innocentes des petits enfans qui aiment leurs parents & s'entre-aiment aussi les uns & les autres.

En second lieu, quant à cette coutume vulgaire de requérir des miracles comme *l'unique Preuve* de la mission réelle de ceux qui nous font de nouvelles découvertes de quelques vérités, nous devons observer que l'appel à cette pierre de touche part communément d'une ignorance profonde, tant de la nature des miracles, que de celle de la vérité. Que les miracles ont été fort souvent employés par pure condescendance pour la foiblesse & les infirmités de la nature humaine, & pour fermer la bouche de tout sceptique & tout esprit contrariant, comme aussi pour d'autres raisons; nous devons reconnoitre avec gratitude & adorer en cela la puissance infinie de Dieu; il y a mieux, c'est que je ne fais pas le moindre doute que de tels témoignages n'aient continuellement subsisté & ne subsistent encore journellement en l'Eglise: & cependant je ne condamne aucunement l'incrédulité d'autrui sur cet article; mais *il ne paroit pas du tout* qu'ils soient absolument nécessaires, ou soient toujours promis comme devant être l'unique preuve & évidence de tout message singulier & extraordinaire, ou de quelque découverte nouvelle de là vérité. Et si les Payens des Indes tant Orientales qu' Occidentales contraignoient nos Mission-

Missionnaires à produire de telles preuves de leur autorité, où en seroient leurs soins officieux pour la propagation de l'Evangile, & quel danger évident ne courroient-ils pas d'échouer en une entreprise aussi importante? Les miracles n'ont aucune connexion nécessaire avec la vérité, & ils n'éclairent l'esprit d'aucune de ses connoissances; on peut revoquer en doute leur réalité, ou on les peut attribuer à d'autres causes qu'aux véritables (*a*): (car de faux Prophêtes ou même des Esprits séducteurs peuvent opérer des prodiges;) on peut s'opposer à leur évidence; ou bien des considérations mondaines, & l'influence des respects humains peuvent altérer cette même évidence; circonstances dont l'Ecriture nous fournit un grand nombre d'exemples. Là donc où les miracles n'ont pas leur effet desiré, en ne se montrant pas capables d'effectuer notre conviction, ils ne font qu'ajouter un surcroit de condamnation au crime de l'incrédulité; aussi est ce souvent une suite de la Miséricorde de Dieu, s'ils sont refusés aux Incrédules; en consequence les Ecritures rapportent de notre Seigneur, qu'il ne fit guères de miracles en Nazareth, à cause de leur incrédulité (*b*). N'y auroit-il donc d'autres voïes pour ad-

(*a*) Nous donnerons à cet egard les véritables raisons pour lesquelles notre Auteur dit dans une de ses lettres & dans quelques morceaux de ses ouvrages Posthumes, que *la Doctrine de la Nouvelle Eglise ne sera supportée d'aucun* MIRACLE en son établissement. Nous donnerons ces raisons à la fin de ce Discours, parce qu'elles nous paroissent beaucoup plus fortes que toutes celles qu'a données jusqu'ici notre bon ami Mr. THOMAS HARTLEY, Auteur de cette Préface ou Discours préliminaire.

(*b*) Voyez Matt. XIII: v. 58.

admettre la force, même d'aucune ſorte de vérité, que celle des miracles; & ces voïes ne pourroient-elles pas être mieux adaptées à la nature de l'entendement humain, telles par exemple que le témoignage de gens dignes de foi, une évidence morale, ou un raiſonnement ſolide, & ſurtout la pureté de l'intelligence en certains eſprits épurés, entre qui & la vérité il ſe trouve d'ordinaire une certaine affinité, convenance ou ſympathie, qui les unit ſans l'intermède d'aucun argument? Maintenant donc où le plus bas degré d'évidence peut ſeul requerir notre reconnoiſſance en quelque matiere que ce ſoit, ce même degré d'évidence doit avoir ſon effet proportionné, & en ce cas la difficulté que nous préſumerions d'élever ſur ce qu'un plus haut degré nous manqueroit, ne pourroit être reçue comme excuſe valable de notre incrédulité.

En troiſieme lieu, l'Argument qu'on emploïe pour rejetter toute diſpenſation extraordinaire, comme le moyen le plus court & le plus ſûr, ſur ce que le monde eſt rempli de déceptions & d'impoſteurs, n'eſt point admiſſible; car encore qu'on puiſſe convenir que c'eſt le moyen le plus court, il ne s'enſuit pas delà que ce ſoit le plus ſûr. C'eſt bien un motif pour nous engager à les examiner, mais ce n'en eſt pas un pour nous les faire abſolument rejetter, là où l'on trouve dans les témoins des marques de crédibilité capables de défier notre croyance, même en matiere de la plus grande importance en fait de choſes naturelles. Bien des choſes peuvent être révélées d'une maniere ſurnaturelle, à des perſonnes qualifiées & circonſtanciées d'une certaine façon, non ſeulement pour l'avantage de certains particuliers, mais encore à l'uſage de l'Egliſe même, & quand quelque choſe de cette ſorte eſt rendue publique par de telles gens, la remontrance froide & impartiale des Saducéens en faveur de St. Paul, eſt digne de notre imitation; „ *ſi un Eſprit ou un Ange lui a parlé, ne „ combattons point contre Dieu.*" Actes. XXIII: 9. Quand à l'incertitude en ces matieres, ſur la poſſibilité de la contrefaction, nous ſommes journellement expoſés à une ſemblable difficulté en toutes nos affaires civiles & temporelles, & ſi nous ſommes déterminés à ne rien décider en quelque matiere que ce puiſſe être ſans la demonſtration de nos ſens, il faut alors abandonner abſolument tout commerce avec le Genre-humain; mais d'ordinaire nous nous contentons en pareilles matieres d'agir conformément à notre jugement: ainſi dans le cas que nous avons actuellement ſous les yeux, nous ne devons inférer autre choſe de la poſſibilité qu'il y a que nous ſoyons trompés, ſinon qu'en pareil cas on doit apporter la plus grande circonſpection à bien diſtinguer entre le vrai & le faux, conformément à cette direction de l'Apôtre. „ *Eprouvez toute choſe; retenez ce qui „ eſt bon.* I *Epitre aux Teſſaloniens.* Ch. V: 21. D'ailleurs une grande partie de l'incertitude dont on ſe plaint ici provient ſouvent de *nous mêmes*, partant de faux préjugés ou de mauvaſes habitudes, qui ont produit en nous une incompétence réelle de jugement en pareilles matieres: en effet l'impiété, l'eſprit de diſſipation & de monde, & les vices des hommes contribuent par une conſéquence toute naturelle & même judicielle, à aveugler leur entendement, & à les liguer entre eux avec l'eſprit de l'erreur, à jetter de l'obſcurité ſur les œuvres de Dieu, au point de les empêcher de rien voir diſtinctement. Nous ne devons pas d'ailleurs

nous

nous attendre que le Seigneur change pour notre propre ſatisfaction le cours des choſes en ce monde, ou qu'il retire des méchans & des eſprits malins la liberté & le pouvoir de pratiquer toutes leurs déceptions, juſqu'à ce qu'il lui ſemble convenable d'en arrêter le cours, en les ôtant de parmi nous. Le myſtere d'iniquité, comme toute autre choſe en ce monde, a ſon temps fixe & déterminé, & juſqu'à ce que ſa fin ſoit arrivée, le Chriſt & l'Ante-chriſt, la vérité & l'erreur continueront à être conſtamment oppoſés l'un à l'autre, comme ils n'ont ceſſé de faire depuis l'époque déplorable de l'apoſtaſie de l'homme; en conſéquence nous voyons le bien & le mal ſe controuver l'un l'autre & ſe contrarier ſans ceſſe, dans tous les événemens mémorables rapportés dans la Bible, & c'eſt dans le conflit perpétuel entre ces principes oppoſés tant au dedans de nous-mêmes qu'au déhors, que conſiſte le combat du Chrêtien. Moïſe n'eſt point plutôt appellé à faire des miracles, pour délivrer les Iſraélites que Janes & Jambres ſont tout prêts à imiter les merveilles divines par leurs arts magiques. Michée, le Prophête du Seigneur, paroit-il dans la cour d'Ahab: comment n'eſt-il pas contrarié & oppoſé par les faux Prophêtes, qui cherchent à faire tomber ſes prédictions (*a*)? *Si les fils de Dieu ſe préſentent*

(*a*) Nous ne devons pas non plus nous attendre que cette NOUVELLE DOCTRINE DE VÉRITÉ, qu'il plait maintenant au Seigneur de nous dévoiler ſous le ſens ſpirituel de ſa Sainte Parole, par le Miniſtère de ſon fidèle interprête EMANUEL DE SWÉDENBORG, ſoit plus à l'abri, qu'aucune autre des révélations qui l'ont précédée, depuis qu'il y a eu une Egliſe parmi les hommes, de contradictions & oppoſitions de leur part; on pourroit même faire voir qu'elle en a déjà ſecrettement éprouvé & éprouve

sentent devant le Seigneur, Satan vient avec eux; Job, I: 6. En a-t-il été autrement avec l'Eglise Chrêtienne depuis les premiers tems de sa fondation? Ne voit-on pas même l'expérience d'un chacun confirmer la même chose? A peine la Religion Chrêtienne, avec la Doctrine qui en fait la bâse, savoir celle de la divinité de notre Seigneur & Sauveur, fut elle établie dans l'Empire sous Constantin, que sous le rêgne de son successeur on la vit supplantée par la détestable hérésie d'Arius.

éprouve encore tous les jours de la part même (chose non moins étonnante que véritable) de gens qui semblent l'avoir adoptée ouvertement & avec zèle; mais une telle découverte ne serviroit qu'à surcharger le tableau des foiblesses humaines, sans pouvoir tourner d'ailleurs à aucun avantage & sans rendre à l'humanité la moindre partie de l'utilité qu'il est fort à desirer qu'elle retire de cette Doctrine bien développée. Persuadés que nous sommes que cette importante utilité ne sauroit échapper à tout Lecteur sincere, qui s'adressera avec une entiere confiance au seul Seigneur & unique Dieu du ciel & de tout l'Univers, & le suppliera avec ferveur d'ouvrir en lui ses facultés intellectives, il nous suffira d'observer ici, que SWEDENBORG a démontré d'une maniere très satisfaisante dans un opuscule qu'on vient d'imprimer à Londres en 1784 (sur son MSS. qu'on a reçu de *Stockholm*, intitulé CLAVIS HIEROGLYPHICA ARCANORUM NATURALIUM ET SPIRITUALIUM PER VIAM REPRAESENTATIONUM ET CORRESPONDENTIARUM) ainsi qu'en divers endroits de ses ARCANES CELESTES & au traité DE LA DIVINE PROVIDENCE: qu'il a, dis-je, très parfaitement démontré la nécessité de l'existence des ténébres, pour que la lumiere paroisse en tout son éclat. C'est même une chose connue que les opposés sont absolument nécessaires pour la manifestation des qualités de leurs opposés. Les ombres bien menagées sont reconnues indispensables dans un Tableau, pour en faire mieux ressortir toutes les beautés: cela assurément doit bien nous suffire, pour nous satisfaire sur la raison de leur existence. (*Note du Traducteur.*)

rius. A peine voit-on en Allemagne commencer la la Réforme de l'Eglise & sa délivrance des erreurs & de la Tyranie Papale : à peine cette Réforme s'affermit-elle dans l'Empire, qu'elle est sappée par les fondemens, dégradée par les clameurs d'entousiastes forcenés qui se recouvrent du prétexte de la liberté chrétienne. C'est ainsi qu'on voit le mensonge se révêtir du manteau de la vérité, afin de mieux réussir dans ses déceptions ; ainsi voit-on le Diable s'ériger une chapelle à la porte de l'Eglise. Nous avons à traverser un monde de difficultés & de dangers, où Satan & des esprits mensongers incarnés sont tolérés pour épurer, perfectioner & éprouver notre foi, & ont la permission de mettre en œuvre contre nous toutes leurs ruses & tous leurs artifices, aussi bien que diverses tentations, pour nous séduire & effectuer notre ruine ; & nous devons moins considérer ici quelle est la route la plus courte & la plus aisée, pour terminer le cours de notre épreuve au meilleur avantage, que quelle est la plus sure & la meilleure. Nous ne devons pas jetter en un tas & la vérité & l'erreur avec une négligence indifférente, afin de nous sauver l'embarras de séparer l'un de l'autre, mais nous devons distinguer comme il faut entre le précieux & la chose de néant, afin d'arracher le manteau de lys dont se revet l'imposteur rusé, & recevoir avec honneur tout messager de Dieu qui porte avec soi la marque de la simplicité & de la vérité. Nous ne devons pas craindre non plus de tomber en aucune erreur dangereuse, en ajoutant à la prudence & à la circonspection chrêtienne l'humilité d'esprit & simplicité de cœur ; car celui qui est pour nous est plus grand que ceux qui sont contre nous, & en sa lumiere nous verrons la lumiere.

Sous ce chef de considération, j'ajouterai un mot d'avis à ces Chrêtiens bien intentionnés d'ailleurs, mais qui foibles par un excès de force dans leur imagination, ou par un desir trop ardent après des communications surnaturelles, pourroient s'exposer trop ouvertement à la délusion, par une crédulité trop précipitée de tout ce qui peut passer pour tel, soit en eux-mêmes, soit chez les autres. Ici donc ils feront très bien d'abord de reprimer en eux toute curiosité naissante d'en savoir davantage sur le compte de l'autre monde, qu'il n'a plu au Seigneur de leur en révéler en sa parole, ou qu'il ne juge à propos de leur en découvrir par les méthodes ordinaires établies en l'Eglise pour leur instruction; car *la curiosité pure & simple* est chose très dangereuse, & c'est un mauvais motif de science: c'est ce motif qui a conduit les premiers hommes à la premiere faute qui ait jamais été commise, & qui a depuis eu des suites si funestes. En second lieu qu'ils ne soient pas moins vigilants à se mettre en garde contre tout mouvement naissant d'un orgueil spirituel, & à les étouffer dans leur principe; car cet orgueil a communément plus de part dans le desir après toutes ces choses qu'il ne le paroit à bien des gens: tel par exemple un penchant naturel à avoir une opinion plus favorable de nous-mêmes, que nous ne devrions en avoir, un desir de tenir un haut rang dans la pensée des autres pour de telles distinctions, d'où résulte une trop grande facilité à confondre nos propres imaginations avec des visions divines; ce qui a pour conséquence de nous faire penser trop à la légere touchant tous les moyens ordinaires de salut & touchant nos devoirs relatifs, & tend enfin à nous faire mépriser le reste des hommes; tandis que les grâces d'humilité & de charité sont bien

bien plus excellentes & plus profitables à l'ame, que la connoissance de tous les mysteres ou le don de Prophétie & celui même de faire des miracles. En troisieme lieu, comme la classe des gens dont nous parlons ici, n'est ordinairement douée que de foibles facultés intellectuelles, ou d'une culture d'esprit très superficielle, une modeste défiance d'eux-mêmes leur est recommandée, & de considérer de sang-froid avant de se laisser prévenir eux-mêmes ou de porter leur jugement sur tout ce qui se passe d'une maniere extraordinaire soit en eux-mêmes, soit chez les autres; nous leur conseillons de soumettre la matiere au jugement de quelque personne pieuse, de grande expérience & d'une vie exemplaire, plutôt que de s'en fier à leur propre entendement; & sur toute chose de recommander la matiere & question à Dieu, lui demandant dans leurs prieres qu'il les guide & qu'il les dirige, afin qu'ils puissent avoir un jugement droit en tout ce qui regarde leur condition spirituelle, & qu'ainsi ils ne soient exposés d'un côté à se tromper eux-mêmes, & de l'autre à tomber dans le piège de l'ennemi.

Mais si le mot d'avis précédent étoit nécessaire pour les gens trop crédules, un petit mot d'avertissement ne l'est pas moins pour les incrédules, d'autant plus que la voïe sure est toujours entre les deux extrêmes, & il est aussi dangereux d'avancer trop sur la droite, que de le faire à gauche. Il est une fausse Philosophie qui conduit à l'infidélité & à l'Athéisme, & dont on a déjà parlé; mais il est une Philosophie divine qui unit les objets naturels ou la Physique, avec la vraie Metaphysique, & qu'on peut à bon droit nommer THÉOSOPHIE. La premiere de ces deux Philosophies borne ses spéculations à la matiere, & ne vise point à rendre raison de quelque apparence que ce puisse être d'après une cause plus élevée ; elle traite de fiction toutes substances immatérielles, nie absolument toute communication entre l'ame & le monde des esprits, & bannit absolument l'homme en cette maniere de sa propre patrie: L'autre sorte de Philosophie ajoute à la science de la nature la contemplation du systême spirituel ; elle montre comment les essences spirituelles se revêtissent de formes corporelles ; elle monte par dégré des objets visibles aux invisibles ; & suit à la piste les effets, de leurs causes prochaines & immediates jusqu'à leur cause premiere, qui est Dieu; quand cette lumiere vient à fondre sur l'ame, elle s'épanouit pour ainsi dire, déploye ses ailes & porte son vol au dessus de la région des sens, découvre un nouveau monde qui s'ouvre à sa vue, tressaille de joïe à l'aspect de sa dignité originelle, & sent son immortalité; elle semble même avoir déja entrée par avance en sa béatitude, au moyen d'une foi plus lumineuse que la splendeur même du soleil, & d'un amour plus fort que la mort même. A peine peut-on se livrer à la contemplation d'un tel sujet, pour peu qu'il ait d'influence sur nous, sans se sentir atteint d'une légere touche d'enthousiasme divin. Deux Philosophes de chacune de ces deux classes different plus entre eux, que l'Aigle au vol altier ne differe de la voltigeante Chauve-souris ; les idées, les sensations & affections de l'un sont toutes terrestres, celles de l'autre sont toutes célestes. L'un devine, étudie & s'évertue à raisonner pour donner de la probabilité à son systême ; tandis que la conviction lance en l'esprit de l'autre des reflets qui partent du soleil spirituel, dont la lumiere en son essence est la vérité, & la chaleur en la sienne est l'amour.

A conſidérer la choſe ſous ſon premier point de vue, on a peine à concevoir comment il ſe peut faire que les hommes ſoient ſi prêts à ſe ranger du côté de l'incrédulité, en matieres ſi intéreſſantes & ſi deſirables (*a*). La plupart en effet s'en-

(*a*) Mille & mille ont obſervé avant nous, (& notamment Madame *Row*, la pudique & même ſéraphique Sapho de la Grande Bretagne, en ſes Lettres des morts aux vivans) & nous ne pouvons nous empêcher de le faire encore après eux, qu'à ne regarder l'idée du SPIRITUALISME que comme une pure affaire de ſyſtême, le plus grand riſque à tous égards eſt toute-fois couru par ceux qui la rejettent. Si en effet d'après ce ſyſtême, croïant à l'immortalité de l'ame, je m'applique à ſuivre rigoureuſement la voïe de la droiture & de la Juſtice en cette vie, comme doivent la ſuivre ceux qui aſpirent à la jouiſſance d'une félicité éternelle en l'autre: ſuppoſant que mon ſyſtême eſt faux, & que l'homme eſt toute matiere, & meurt tout à la fois dès que le reſſort ou la modification de cette matiere ne peut plus ſoutenir en lui ce mouvement qu'on nomme la vie, & enfin qu'il n'y ait réellement aucune autre exiſtence à eſpérer après celle-ci, qu'aurai-je perdu, en ſuivant mon erreur? la jouiſſance de quelques faux plaiſirs, qui n'auroient pas manqué de hâter ma diſſolution en altérant ma ſanté. Mais ſi mon ſyſtême eſt réel, ſi cette future exiſtence eſt d'une vérité inconteſtable, ſi elle ne peut manquer d'avoir lieu après la vie paſſée en ce monde, que n'auront pas perdu tous les faux ſages du ſiecle, tous nos matérialiſtes qui n'y veulent pas croire, uniquement parce que cette idée les gêneroit trop, & donnent un libre cours à toutes les ſales & terreſtres paſſions qui les abrutiſſent? Dans le premier cas tous les paris ſont en faveur du joueur, ainſi que tous les avantages, qui ſe font même reſſentir de tout ce qui l'environne; dans l'autre, il n'y a que la folie qui puiſſe ſe ranger de ſon côté. Quand même il n'y auroit pas d'autre vie à attendre pour l'homme, que la préſente, toute-fois une exacte obſervation des préceptes du Décalogue & de l'Evangile lui rendroit cette vie auſſi pars'enorgueilliſſent de leur ſavoir; mais l'incrédulité eſt le négatif, *le tombeau même du ſavoir*, & ne ſert qu'à effacer comme avec une éponge les idées de l'eſprit. Quoiqu'en puiſſent dire ou penſer de pareilles gens, ils ſont auſſi dépourvus de toute louable ambition & de toute dignité de ſentimens, qu'un ver de terre; & la condition du plus vil inſecte qui rampe ſur ſa ſurface, eſt préférable à la leur. Toute-fois quelque bas & mépriſable que puiſſe être un choix de cette eſpece, on peut pourtant en rendre raiſon. Un eſprit diſſipé par l'amour du plaiſir, contracté par la convoitiſe dépravée du ſordide égoïsme, corrompu par de mauvaiſes fréquentations, ou ſouillé par des habitudes vicieuſes; toutes ces raiſons, & grand nombre d'autres qu'on pourroit encore en donner, produiſent tout naturellement une répugnance, & par dégré une averſion inſurmontable contre toute attention ſérieuſe & ſolide des choſes de Dieu; & comme des gens de cette eſpece ne ſont aucunement en état de les gouter, & ne laiſſent pas néanmoins que de les apréhender, ils cherchent par de faux raiſonnemens à ſe fortifier contre leur croyance, dernier état d'endurciſſement qui eſt le pire de tous ceux où l'ame puiſſe tomber: d'autant plus que ceux qui y parviennent, deviennent des moqueurs des choſes ſpirituelles, endurcis par l'incrédulité, & finalement abandonnés à un eſprit réprouvé. O déplorable

parfaitement heureuſe, que la nature de la choſe pourroit le comporter; au lieu que l'omiſſion de ces mêmes préceptes la lui rend d'autant plus malheureuſe, qu'il s'en écarte davantage: Vérité de fait, que l'expérience journaliere confirme.

rable aveuglement de ceux qui ſe couchent comme le bœuf & l'âne, repus de viande ou de boiſſon ou même raſſaſiés de péchés, ſans penſer un inſtant à Dieu ou à leur pauvre ame, ſans penſer un ſeul moment qu'ils ont été créés pour devenir capables d'entrer en communion avec lui & ſes ſaints Anges, ou ſans en avoir le moindre deſir, & ſe levent comme ils ſe ſont couchés, ſans avoir la moindre ſenſation de ſes miſéricordes ou du beſoin qu'ils en ont: laiſſant ainſi au Prince des ténébres & à ſes mauvais Anges, un libre accès en leurs ames, & plein pouvoir ſur elles, paſſant ainſi d'une courte carriere de folie & de péché à une fin effroyable!

Il eſt dit au Prophête Amos „ *Pour certain le Seigneur Jehovah ne fera aucune choſe, qu'il n'ait révélé ſon ſecret aux Prophêtes ſes ſerviteurs.* Chap. III: 7. Il a tenu cette conduite aux anciens tems; eſt-il donc un Dieu ſujet à varier, pour ne plus faire de même aux derniers tems? Eſt-il moins communicatif, ou ſes ſerviteurs lui ſeroient-ils moins chers actuellement? c'eſt ce qu'on ne ſauroit dire avec vérité. Le délugc, la deſtruction de Sodome, la délivrance du peuple hébreux de l'eclavage des Egyptiens, les Révolutions arrivées dans le Royaume d'Iſraël, leurs victoires, leurs captivités & diſperſions, le grand Reſtorateur du veritable Iſraël, les divers états de l'Egliſe Chrêtienne, ſon Apoſtaſie, & ſon rétabliſſement en l'Egliſe de la Nouvelle Jeruſalem (un des principaux ſujets des écrits de notre Auteur) avec une infinité d'autres particularités, ont toutes été révélées à quelques uns de ſes élus, avant l'avénement de ces événemens; & pourrons-nous donc ſuppoſer que le dernier de ces événemens, qui eſt le plus important de tous, ſeroit privé de ſes meſſagers dont l'emploi ſeroit d'avertir l'Egliſe de ſon approche? C'a été depuis longtems un tems de troubles & d'oppreſſions: & n'aurions-nous donc pas un tems de rafraichiſſement & de délivrance, tems auquel les enfans de Sion ſeront rendus joyeux par l'agréable nouvelle de l'arrivée du Roi? Les inſultes profanes, les reproches & les blasphêmes des ennemis de notre foi, continueront-ils à tourner en ridicule la patiente eſpérance du Chrêtien, & le Seigneur n'enverra-t'il donc pas quelque Voyant éclairé, avec un meſſage de paix & de conſolation pour ſon peuple, quelque Caleb, pour témoigner devant eux concernant le bon pays qu'il a vu, & qui rapportant même avec lui des grappes du fruit de ce pays, pour les encourager à y monter, & en prendre poſſeſſion? C'eſt ce qu'il a fait dans la perſonne & les écrits de l'honorable & noble Suédois EMANUEL DE SWEDENBORG, qui depuis plus de vingt-cinq ans a été favoriſé d'une perpétuelle viſion ouverte du monde ſpirituel, & continue encore d'en jouir, & de communiquer à ſes freres quantité de découvertes auſſi curieuſes qu'étonnantes & inſtructives touchant ſes converſations avec les Anges & ſes connoiſſances des choſes de leur Royaume, comme on le peut voir en beaucoup d'autres de ſes écrits: Tellement que l'infidele ne peut plus recourir à ce défi qu'il faiſoit ſans ceſſe pour couvrir ſon incrédulité, „montrez-nous un „ ſeul homme qui nous puiſſe rendre témoignage „ de ces choſes d'après ſon propre ſavoir & ſa pro- „ pre expérience, & nous vous croirons." (a) car

(a) Notre reſpectable ami M. HARTLEY étoit bien bon de croire que l'Infidele ne pouroit plus recourir à ce défi, car un tel témoin, & qui plus est, un témoin parfaitement digne de foi, est actuellement vivant parmi nous (*a*). J'ai conversé avec lui à diverses reprises, en la compagnie d'un gentilhomme d'une profession savante & distinguée, & d'une capacité intellectuelle très etendue (*b*): Nous avons tous deux eu de sa propre bouche la confirmation de toutes ces choses, & avons reçu son témoignage, & considérons comme un des plus heureux évenements de notre vie d'avoir fait l'acquisition de la connoissance de cet Auteur & de ses écrits. Nous ne pouvons douter que la même évidence qui nous a semblé croyable, ne semble telle à bien d'autres; mais au cas ou des lecteurs d'un esprit droit & libéral, & d'une éducation cultivée penseroient autrement, une seule ligne détermineroit à l'amiable le différend subsistant entre eux & nous:

Veniam petimusque damusque vicissim.

Mais

défi, comme s'il n'étoit pas dans l'habitude de nier tout ce qu'on peut lui dire pour combattre son infidélité. Lui dit-on, voila un homme qui a vu les Esprits & les Anges; il vous répond froidement, cela est faux, votre homme ne les a pas vu, parce qu'on ne sauroir voir ce qui n'existe pas, mais c'est un ESPRIT EXALTÉ, qui a cru voir tout ce qu'il nous raconte. Que répondre à de telles gens? Qu'eut gagné NEWTON à démontrer les effets de la lumiere à des aveugles?

(*a*) C'étoit en 1769 que Mr. HARTLEY faisoit cette Traduction, & ce ne fut qu'en 1772 que *Swedenborg* mourut, comme ou le verra en l'apostille, mise par nous à la fin de sa lettre à cet ami.

(*b*) Ce Gentilhomme vit encore actuellement à Londres, c'est le Docteur Messeter M. D. homme d'une profonde érudition & très versé dans les Langues Orientales. Il étoit parfaitement lié d'amitié avec *Swedenborg* de son vivant.

Mais au cas que de fausses inclinations, un entêtement aveugle en faveur de quelque systême adopté, des intérêts mondains ou une habitude d'incrédulité confirmée en porteroit quelques uns à une opposition déterminée: en pareil cas, l'argument perd toute sa force sur quelque sujet que ce puisse être; car pour lors:

Non persuadebis, etiam si persuaseris.

Comme notre Auteur étant en Angleterre l'été dernier (en 1769) fut invité par une lettre d'un ami (à la véracité de qui je puis rendre le témoignage le plus autentique) à laisser ici quelque détail sur sa personne, pour les raisons y suggérées, j'ai traduit & annexé à la fin de cet ouvrage sa propre réponse à cette lettre; il y a pour cette raison moins d'occasion de s'étendre ici davantage sur ce qui le regarde. Néanmoins nous ne pouvons nous empêcher de donner ici quelque connoissance des marques de distinction & du traitement honorable qu'il a continué de recevoir en son propre pays, comme étant une circonstance qui fait beaucoup d'honneur tant à la Famille Royale, qu'aux Grands & Sénateurs & aux Evêques de la Nation Suédoise; car tout personnage qui vient à nous au nom d'un Prophête, d'un Messager du Seigneur, d'un Voyant, avec des marques suffisamment autentiques de sa mission, a droit à un profond respect d'après une telle distinction marquée de son caractere personnel. Il n'y a pas lieu de douter que la vie du Baron de *Swedenborg*, tout ce qui pouvoit le qualifier, & ses hautes prétentions n'aient subi en son propre pays l'examen le plus rigoureux, quant à tout ce qui pouvoit former sa réputation tant au moral qu'au civil & comme théologien; & j'ai appris par un gentil-

gentilhomme de cette nation, qui réside actuellement à Londres, qu'il y est toujours très considéré, & universellement estimé & aimé de tout ce qu'il y a de grands, de sages & de gens de bien; & je pourrois produire ici de la bouche de ce gentilhomme une preuve du savoir surnaturel de notre auteur, bien connue à la cour de Suéde, & qui ne peut être ni éludée ni révoquée en doute, si le fait est tel que ce gentilhomme me l'a raconté; mais comme je n'ai pas la permission de l'auteur pour cela, je ne me juge pas en liberté de le mentionner. Jusques-là je pense que la crédibilité de Mr. *Swedenborg* en qualité de témoin de la vérité de tout ce qu'il raconte, demeure parfaitement intacte; L'érudition profonde étalée dans ses écrits, nous montre en lui le vrai savant & le philosophe; la politesse & l'affabilité de son maintien & de sa conduite le font connoitre pour un homme de distinction; il n'affecte aucun honneur, mais refuse tous ceux qu'on veut lui faire, ne poursuit aucun intérêt mondain, mais dépense tout son bien à voyager & à imprimer, afin de communiquer l'instruction & de servir l'humanité; & il est si éloigné *d'ambitionner d'être à la tête d'une Secte*, que partout où il fait résidence en ses voyages, il est parfaitement solitaire & se rend presque inaccessible, quoique d'un abord très libre & très facile en son propre pays. Il n'engage non plus qui que ce soit à abandonner l'Eglise établie dont il est membre. Ce n'est que depuis peu qu'il commence à mettre son nom à ses écrits théologiques, ses manieres n'ont rien de pédantesques, ni son humeur rien de sombre; rien n'approche de l'entousiaste en sa conversation, ni dans ses Ouvrages; dans ceux-ci il nous expose des faits dans le stile simple & uni du narratif; il nous parle

parle de ses conversations avec les esprits & les Anges avec le même sang-froid avec lequel il traite des choses terrestres, comme si l'un & l'autre lui étoit également ordinaire; il confirme tout point de Doctrine par le témoignage de l'Ecriture Sainte; & allie toujours la charité & une vie bonne & réguliere à la vraie foi, & dans l'ensemble est la Théologie le plus raisonnable que j'aie jamais lû. Si l'on peut accorder que ces parties de sa réputation doivent concilier notre croyance à son témoignage; je crois qu'on peut prononcer à son égard qu'il est le Messager le plus extraordinaire que Dieu ait jamais envoyé à l'homme depuis le siecle des Apôtres, & qu'on peut à juste titre le nommer l'Apôtre vivant de nos jours. Quand à ses écrits, on est obligé d'avouer que les sujets en sont non seulement neufs, mais encore très intéressants; tel entre-autres le sens spirituel des Ecritures, dont il explique quantité de passages des plus difficiles & qui même ont demeuré entierement incompréhensibles jusqu'à cette heure, par la regle des Correspondances, nous faisant voir comment les choses spirituelles sont représentées & signifiées par les naturelles: Il expose à la vue de l'univers les erreurs qui se sont glissées dans l'Eglise, & qui y subsistent encore, & fonde les principaux Articles de la foi sur l'autorité divine des saintes Ecritures, sans citer l'autorité d'aucun homme, ou offrir sur aucun sujet que ce puisse être, l'incertitude de l'opinion. En son caractere de Voyant, (que quelques uns par dérision tourneront peut-être en visionnaire, quoique tant le nom que l'office aient été autrefois très honorables en l'Eglise de Dieu) il tire le rideau qui sépare le mortel & l'immortel, & nous ouvre une vue dans le monde des Esprits, nous pré-

présentant les divers états des ames après la mort, leurs communications entre elles & avec les Anges, leur préparation en l'état moyen, (non selon la fiction du Purgatoire Romain) pour la jouïssance finale de la félicité ou du malheur; & un nombre infini d'autres découvertes, telles que les diverses classes parmi les différentes sociétés d'Anges en leurs Cieux respectifs, & aussi celles du regne infernal; article dont il traite d'une maniere toute particuliere en son livre intitulé DE COELO ET INFERNO EX AUDITIS ET VISIS (a) c'est-à-dire du Ciel & de l'Enfer d'après ce qu'il en a vu & entendu; ce qui ne fait qu'une très petite partie de tous ses Ouvrages. Un volume entier seroit même requis pour en donner une idée générale un peu complete; c'est pourquoi je ne m'arrêterai point ici à rien particulariser,

(a) Ce TRAITÉ DU CIEL ET DE L'ENFER a été supérieurement traduit en Anglais par le même Mr. HARTLEY en 1778, & vient de recevoir une seconde édition l'an dernier. Mr. L'ABBÉ PERNETY nous en a aussi donné un Commentaire en Français en 1782, mais nous sommes fachés d'être obligés d'avouer que ce dernier Traducteur, ou plutôt Commentateur, a trop souvent défiguré son auteur, lui faisant même quelquefois dire ce à quoi il n'a jamais pensé; comme on le verra encore plus particulierement démontré en notre Note suivante. Ce traité est cependant si important, & si indispensablement nécessaire à l'entiere compréhension du SYSTÊME GÉNÉRAL DE VÉRITÉ que nous indique notre Auteur, comme *devant être précisément ce qu'on doit entendre par le* SECOND AVENEMENT *du Seigneur au Monde*, que nous estimons nécessaire & même indispensable que ce traité soit fidelement rendu en la Langue du monde qui est actuellement la plus universelle, c'est-à-dire la Française; & si quelque plume plus habile que la nôtre ne s'occupe pas de cette tâche importante & amusante, (au cas que cette présente Traduction obtienne l'approbation du Public, nous nous proposer, & je me contenterai d'observer que le trésor étonnant de *connoissances* tant curieuses *qu'utiles* qu'il nous a étalé en ses écrits, concernant les choses naturelles & révélées, les matieres morales, philosophiques & divines, ne surpasse pas seulement à l'infini tout ce qui est avenu jusqu'à nous d'Hermès, de Pythagore & de Platon, mais surpasse même en importance de sujets, ainsi qu'en étendue de découvertes, tout ce que les Peres de l'Eglise ont écrit, ou les Théologiens ont enseigné.

Au premier aspect des matieres qu'il traite, vû leur extrême singularité, bien des gens seront enclins à reculer pour ainsi dire, & à s'arrêter avec une sorte d'étonnement, en les trouvant si différentes de leurs présentes idées, ou ne s'en étant même *jamais formé aucunes*, ils pourront bien se sentir enclins à les rejetter comme de pures fables ou de simples déceptions. Cela pourra bien arriver non seulement à ceux qui sont liés par leur présente croyance ou incrédulité, mais même à bien des gens d'un esprit moins borné, & moins fixés dans les préjugés ou opinions qu'ils ont embrassées; mais tout homme dont l'esprit est plus étendu, & mieux cultivé par une éducation libérale, n'est pas si empressé à condamner ce à quoi il ne sauroit acquiescer au premier abord, mais il fera un essai impartial de ce qu'on lui offre, & en admettra autant que la nature de son évidence le requerera. C'est à des lecteurs de cette classe que je m'adresse, avec une déférence respectueuse, leur recommandant fort la lecture des Ouvrages latins de notre auteur, comme méritant fort

proposons de nous en occuper nous-mêmes ci-après, & d'essayer de rendre à nos compatriotes cet excellent ouvrage en toute sa pureté originale. (*Note du Traducteur.*)

ſort leur attention & leurs remarques. En cette grande diverſité de matériaux, il s'en trouvera beaucoup qui conviendront mieux à certaines perſonnes qu'à d'autres; il en eſt même beaucoup qu'on peut paſſer comme matieres totalement indifférentes: mais ne nous diſputons pas ſur la variété, déterminons plutôt le choix de ce qui convient le mieux à notre appréhenſion & à notre propre uſage, & laiſſons le reſte aux autres, nous reſſouvenant bien que le Seigneur eſt bon envers tous, & ne pourvoit pas ſeulement pour nous au ſimple néceſſaire, mais même nous donne l'agréable & l'utile & ce qui fait plaiſir, tant dans notre état ſpirituel, que dans le naturel. Remarquez auſſi qu'en ce qui regarde la condition & les loix du monde ſpirituel, nous ne devons pas offrir nos idées ordinaires, ou les notions philoſophiques que nous pourions avoir imbues en celui-ci, comme une meſure convenable & proportionnée à la vérité, car les choſes ſpirituelles & les naturelles different entre elles & ſont hétérogênes, & cependant comparées enſemble à la lumiere de la vraie Philoſophie, elles ſont analogues & correſpondantes: mais pour lors il faut que l'eſprit ſe familiariſe, par degré & en contractant l'habitude de l'abſtraction, à la contemplation des ſujets ſpirituels, avant qu'il puiſſe s'en former des idées convenables & ſatisfaiſantes; mais quand il s'y ſera ainſi habitué, la choſe lui deviendra facile; car la capacité & les facultés de l'eſprit humain ſont immenſes, & il peut même dès cette vie par une Diſcipline convenable & l'exercice fréquent de ſes facultés, être adapté à la réception de la Science céleſte. Il ſe trouvera peut-être peu de lecteurs, même parmi ceux dont l'eſprit eſt tourné du côté de la philoſophie, qui ſoient capables de comprendre au premier abord le ſens de l'auteur, en ces parties du Traité ſuivant, où il parle de ce ſoleil ſpirituel dont la lumiere en ſon eſſence eſt la ſageſſe, & dont la chaleur en la ſienne eſt l'amour; & cependant en conſidérant attentivement la différence, qu'il y a entre l'eſſence & la forme, & entre les différentes natures des choſes ſpirituelles & des naturelles, la choſe pourra paroître très-intelligible. On eſt fort ſujet à ne regarder & à ne concevoir la ſageſſe & l'amour que comme certaines modes de penſer & de ſentir qui exiſtent en l'ame, tandis que ce ſont des Principes réels ou des eſſences ſpirituelles communiquées de Dieu par influence, & reſpectivement reçues par l'ame ſelon la maniere du récipient. Bien des gens croyent que c'eſt notre ſoleil naturel qui communique la vie aux œufs des animalcules, & quoique ce ſoit là une Philoſophie totalement fauſſe, (d'autant plus que la vie, comme choſe ſpirituelle, ne ſauroit venir de ce qui eſt pure matiere) ce ſyſtême ne laiſſe pas que de paſſer, ſans qu'on ſe récrie beaucoup contre lui. Où git donc l'abſurdité, de ſuppoſer d'abord qu'en un monde ſpirituel il doive y avoir un ſoleil ſpirituel? car ceci ſe trouve parfaitement conforme à la regle d'une analogie raiſonnable, d'autant plus que des êtres ſpirituels doivent avoir une lumiere adaptée à leur condition, tout auſſi bien que les corps naturels; & en ſecond lieu de ſuppoſer qu'un ſoleil ſpirituel puiſſe ou doive, ſous Dieu, ſervir de moyen ou de vehicule propre à communiquer ce qui eſt ſpirituel, à des creatures ſpirituelles tant d'ame que de corps. Tout a ſon eſſence auſſi bien que ſa forme, car ſans eſſence il n'y auroit point de forme; ces deux ſont reciproquement l'un à l'autre comme l'ame & le corps: mais l'eſſence eſt

d'un

d'une dignité & considération supérieures, & cependant elles correspondent l'une à l'autre & peuvent souvent s'exprimer l'une pour l'autre. Ainsi la sagesse, tant au langage de l'Ecriture qu'en la façon ordinaire de s'exprimer, signifie la lumiere de l'ame; & le feu est l'emblême de l'amour peut-être en toutes les langues du monde, si bien que le consentement général de tout le genre humain semble avoir rendu témoignage à la vérité que nous avons sous les yeux. Mais ce n'est pas ici le lieu de nous étendre en explications Philosophiques.

Quelque Lecteur pourroit demander ici, comment s'est-il fait que le Traducteur parmi tant de sujets curieux & frappans que fournissent les écrits de l'Auteur, ait fixé son choix sur une matiere seche & Philosophique qui pourra n'être goutée & entendue que d'un très petit nombre? „ Nous „ aurions envie, disent-ils, d'entendre ce que „ cet homme à visions & à révélations auroit à „ nous dire sur l'état des Anges & des ames tré- „ passées; comment il va avec elles; quels sont „ leurs emplois, leurs plaisirs & leurs peines; si „ elles se ressouviennent de la moindre chose de „ leur état mortel précédent, ou si elles sont ca- „ pables de reconnoître leurs anciens amis & vieil- „ les connoissances en leur nouvelle condition „ ou maniere d'exister, avec bien d'autres par- „ ticularités intéressantes de cette sorte". Je ferai à de tels Lecteurs la réponse honnête suivante: Pareille question s'est bien à la vérité présentée d'abord à moi. Je m'y suis même arrêté quelque tems; mais les raisons suivantes ont eu le dessus, & ont déterminé mon choix. En des choses aussi extraordinaires que celles qui regardent le monde des esprits, où il s'agit de toutes les passions de l'esprit humain, il en est qui s'opposent si fortement à nos préjugés, d'autres qui sont si contraires à la croyance vulgaire, & d'autres à l'incrédulité des hommes, sans parler d'ailleurs de leur nouveauté, qu'on ne doit s'attendre à trouver à leur égard que dans un très petit nombre ce calme, ce froid dans le jugement & cette disposition convenable requise dans le Lecteur, pour qu'il accorde à ces matieres toute la considération qu'elles méritent, & pour qu'il leur fasse une réception favorable. En second lieu cette petite esquisse des talents philosophiques de l'Auteur, offerte aux savans, peut tendre à leur faire voir qu'il n'est pas moins l'homme érudit que le Voyant, ou s'il le veulent le vrai visionnaire, & par conséquent que c'est un homme dont les grandes facultés intellectuelles ne l'exposent point à s'en laisser imposer, par les déceptions d'un jugement foible ou d'une imagination échauffée. Et enfin le Traducteur connoit trop comment sont les tems actuels, pour s'exposer par la publication de quelque Ouvrage plus considérable, à encourir une perte qui lui seroit à détriment & incommode; il fait donc cet essai sur peu de feuilles, sans courir grand risque; il offre à très bon marché quelques Perles d'un très grand prix, à ceux qui voudront les achetter; & s'il ne se trouve point d'acquéreur, il sera bien forcé de se contenter de fermer boutique, & de quitter le marché.

Le Lecteur juge sans doute qu'il est bien tems de mettre fin à une si longue Préface mise à la tête d'un Ouvrage si court, d'autant que l'entrée pourroit bien lui paroître déjà beaucoup trop grande pour la maison; cependant après ce que nous avons dit à son usage, il en resteroit encore beaucoup à dire; mais nous devons nécessairement tenir ici une certaine mesure. Comme l'Auteur

très

très diſtingué, dont nous préſentons ici un ouvrage, & qui eſt auſſi très ſupérieur dans l'école de la Littérature humaine, écrit à des Intelligents, auſſi ſon humble Traducteur ſuit-il ſes traces en cette Adreſſe qu'il préſente aux ſavantes Univerſités de ce Royaume; d'autant qu'on peut bien permettre à la main d'un meſſager abject d'offrir de riches préſents à ſes ſupérieurs, car c'eſt là l'épithete dont je dois déſigner tout ce qui part de la plume de notre Auteur; & comme ces petites Lucubrations, quoiqu'imprimées, n'ont cependant jamais été publiées, il ſeroit poſſible que ſans cette Traduction elles ne fuſſent jamais venues à leur connoiſſance; c'eſt ce qui me la fait offrir au public, ſurtout pour ſervir d'introduction à la connoiſſance de ſes autres Ouvrages Latins, qui bien qu'ayant été imprimés depuis fort longtems, ne laiſſent pas que de demeurer encore comme un tréſor enfoui dans un champ; mais j'ai trouvé ce tréſor, & m'en étant enrichi, je deſire que d'autres puiſſent en profiter auſſi; & ſi quelqu'un des célebres chefs de nos fameux ſeminaires d'érudition & de Philoſophie, ſe trouvent portés par cette information, à fouiller dans la même mine, & qu'alors comme des ſcribes, inſtruits pour le Royaume des cieux, ils tirent de leur tréſor des choſes nouvelles & anciennes pour l'avantage de leurs freres, je me rejouirai beaucoup de ce qu'on m'aura pu trouver comme ſerviteur ſubalterne d'hommes de talens ſi ſupérieurs, employés ſi utilement.

Je me contenterai d'ajouter qu'on a déja eſſayé de endre en Anglois quelqu'autre Piece de notre Auteur, mais que c'a été ſans ſuccès juſqu'ici; car quoique ſon ſtyle ſoit aſſez aiſé, & ne ſoit point embrouillé par aucune eſpece de Phraſéologie &

 d'Idiod'Idiomes classiques, qui se trouvent assez ordinairement dans les auteurs obscurs en langue latine: cependant une juste traduction d'aucune partie de ses Ouvrages ne se trouvera jamais une tâche aussi facile qu'on pourroit le supposer; son vrai sens est souvent très profond, & comme la matiere qu'il traite est entierement neuve, ayant beaucoup de rapport avec les Anges, les esprits, & d'autres mondes, où tout se trouve être de condition, caracteres & circonstances différentes de ce que l'esprit est accoutumé à considérer, ici donc le traducteur est souvent nécessité, pour peu qu'il veuille se rendre d'un usage universel, de remplir aussi la place d'interprête ou d'expositeur, & ne doit pas se contenter de rendre tout simplement d'un langage en un autre, & de chercher les expressions qui rendent le mieux le sens & les paroles de l'auteur, mais il doit même aider à l'entendement de la classe commune des lecteurs, en suppléant dans l'occasion des Notes, qui par des comparaisons propres & bien adaptées, éclaircissent ce qui pouroit être obscur, & qui fournissent des idées propres à diriger le lecteur, l'amenent à la compréhension de son sujet, & lui facilitent par là la conception des vérités contenues dans le Texte. Et je recommande surtout comme chose fort utile, à tous ceux qui entreprendront ci-après de traduire les écrits de cet Auteur extraordinaire, de les étudier d'abord assez sérieusement & avec assez d'attention pour les pouvoir bien comprendre; & ce, tant pour leur propre avancement, que pour le bien même de leurs lecteurs. C'est à la décision de juges compétens à déterminer comment je me suis acquité de cette tâche; ce m'est toute-fois une grande satisfaction d'avoir fait de mon mieux, & avec bonne intention.

Adieu

Adieu donc Lecteur, ne pensez point mal de ceux qui ne veulent que votre bien-être spirituel, & qui ne travaillent que pour le procurer. Le tems est court, l'éternité bien longue. Le bien & le mal sont devant vous; des Anges de lumiere & des esprits de ténèbres vous accompagnent; & le ciel ou l'enfer est la fin assurée de votre voyage à travers cette vie: considérez donc bien sérieusement, ô Voyageur, où vous êtes, & où vous allez: rejettez le mal & faites choix du bien: aimez vos vrais amis; tirez le meilleur parti du tems & du chemin que vous avez à faire; & je vous souhaite au nom du Seigneur le succès le plus heureux.

Fin du Discours du Traducteur Anglois M. Thomas Hartley, *qui mourut à East-Malling dans le Comté de Kent, le* 10 *Decembre* 1784.

Quoique ce ne soit aucunement notre dessein de critiquer aucun de ceux qui ont fait quelques généreux efforts pour communiquer au monde, en des langues qui lui soient plus familieres que la Latine, les rayons de lumiere qui brillent de toutes parts dans les Ouvrages de *Swedenborg*, nous ne pouvons cependant nous empêcher d'observer ici, que le Traducteur Français du Traité du Ciel et de l'Enfer, a eu un tort réel de défigurer son auteur presque depuis le commencement jusqu'à la fin; de l'abréger en quelqu'endroit que ce puisse être, parce qu'il n'est nulle part trop long; & notamment d'induire le lecteur en erreur à la fin de sa Note sur l'article des Saints des Catholiques Romains, où il dit positivement, (contre ce qu'enseigne l'Auteur en divers endroits de ses écrits, par ordre exprès du Seigneur, qui lui en a donné la mission;) *qu'on peut les invoquer.* Pour se convaincre qu'on ne doit pas le faire, il n'y a qu'à lire ce que dit cet Auteur au sujet de la Vierge & de Sainte Génevieve, Patrone de mes concitoyens Messieurs les Parisiens, en son traité de la VRAIE RELIGION CHRÉTIENNE ou THEOLOGIE UNIVERSELLE DU NOUVEAU CIEL ET DE LA NOUVELLE EGLISE. Pour prévenir, ou reparer le mal que cette Note de Mr. PERNETY pouroit faire, j'ai cru devoir joindre ici les Articles de *Swedenborg;* & pour la satisfaction des esprits foibles, qui pouroient être séduits par le raisonnement spécieux du dit Traducteur, j'ai cru devoir aussi extraire ici du traité de l'APOCALYPSE REVELEE, l'explication de ce qu'on doit entendre par ces paroles du Chapitre V. de la dite Apocalypse *Des Phioles d'or*, *pleines de Parfums*, *qui sont* LES PRIERES DES SAINTS. Voici donc ce que dit d'abord *Swedenborg* sur les SAINTS *de l'Eglise Romaine*, Extrait de la Théologie Universelle, N°. 822.

„ On sait que l'homme apporte le mal en naissant „ ou qu'il est chez lui héréditaire, & qu'il le reçoit „ de ses Parens; mais il en est peu qui sachent „ en quoi ce mal habite, ou demeure en sa plé- „ nitude; il réside en l'amour de posséder les „ biens de tout le monde, & en l'amour de do- „ miner; ce dernier amour en effet, selon qu'on „ lui lâche les rênes, s'élance au point, de bru- „ ler du desir de dominer sur tous les hommes, „ & finalement veut être invoqué, & adoré com- „ me un Dieu: Cet amour est le serpent qui sé- „ duisit Eve & Adam, car il dit à la femme *Dieu* „ *sait qu'au jour que vous mangerez du fruit de cet*

„ *arbre*,

„ *arbre*, *vos yeux ſeront ouverts*, ET ALORS VOUS
„ SEREZ COMME DIEU, &c. Geneſe III: 4. 5.
„ Auſſi entant que l'homme s'élance bride abattue
„ en cet amour, autant ſe détourne-t-il de Dieu,
„ & ſe retourne ſur ſoi-même, & devient un
„ adorateur de ſoi-même, & peut bien alors in-
„ voquer Dieu d'une bouche échauffée de l'amour
„ de ſoi-même, mais il le fait d'un cœur refroidi
„ par le mépris de Dieu; alors les choſes divines
„ de l'Egliſe peuvent bien auſſi lui ſervir de
„ moyens; mais comme la fin qu'il ſe propoſe eſt
„ de dominer, il n'a ces moyens à cœur qu'autant
„ qu'ils conduiſent à cette fin. Un tel homme
„ eſt-il élevé aux honneurs ſuprêmes: en ſon
„ image, il eſt pour ſoi comme Atlas qui porte
„ le globe terreſtre ſur ſes épaules, & comme
„ Phœbus qui promene avec ſes chevaux le ſoleil
„ autour du monde.

„ 823. L'homme étant tel par héritage, c'eſt
„ pourquoi tous ceux qui ont été canoniſés par
„ Bules des Papes, ſont au monde ſpirituel ſou-
„ ſtraits à la vue des autres, & renfermés:
„ tout commerce avec leurs adorateurs leur eſt
„ ôté; & ce, pour prévenir que cette racine,
„ qui eſt de tous les maux le pire, ne ſoit excitée
„ à croitre en eux, & ne les jette dans des delires
„ phantaſtiques, tels que ceux dont les Démons
„ ſont poſſédés. Tous ceux qui durant cette vie
„ en ce monde n'ont affecté, ou ne ſe ſont effor-
„ cés de devenir Saints qu'à deſſein d'être invo-
„ qués après leur mort, tombent tous en l'autre
„ monde en de pareils délires.

„ 824. Bien des membres de l'Egliſe Romaine,
„ & ſurtout les Moines, à leur arrivée au monde
„ ſpirituel cherchent les Saints, & ſurtout celui
„ de leur ordre, mais ils ne les trouvent pas: ce

„ qui les jette dans un grand étonnement; mais
„ ils sont instruits par la suite que tous les saints
„ sont confondus parmi ceux qui sont au ciel, ou
„ parmi ceux qui sont en la terre basse, & qu'en
„ l'un & l'autre endroit ils ne savent rien du
„ culte qu'on leur rend, & des invocations qu'on
„ leur fait, & que ceux d'entre eux qui le savent,
„ & qui veulent être invoqués, tombent dans le
„ délire, & parlent en insensés. LE CULTE DES
„ SAINTS *est une telle* ABOMINATION *dans le Ciel*,
„ que pour peu qu'ils en entendent parler, ils en
„ frémissent d'horreur, parce qu'on ne rend de
„ culte à l'homme qu'en dérogeant au culte dû
„ au Seigneur; car de cette maniere le Seigneur
„ ne peut plus être le seul qui soit adoré, & s'il
„ n'est pas seul adoré, il se fait pour lors une
„ division d'adoration, qui ôte toute communion
„ avec lui, & toute la félicité de la vie qui dé-
„ coule de cette communion. Pour me faire
„ savoir de quelle nature sont les Saints de l'E-
„ glise Romaine, pour me mettre en état d'en
„ informer les hommes, il en fut élevé de la
„ terre inférieure jusqu'au nombre de cent, qui
„ ont eu connoissance de leur canonisation. Ils
„ monterent par derriere, & il n'y en eut qu'un
„ petit nombre qui montât de front, & j'ai con-
„ versé avec un d'entre eux qu'on m'a dit être
„ Xavier; celui-ci parlant avec moi, étoit com-
„ me fol; cependant il eut la capacité de me ra-
„ conter, qu'en son propre lieu, où il étoit ren-
„ fermé avec d'autres, il n'étoit point fol, mais
„ qu'il le devenoit toutes les fois qu'il songeoit
„ qu'il étoit Saint, & qu'il vouloit être invoqué.
„ J'entendis murmurer pareille chose de la part de
„ ceux qui étoient montés par derriere. Il en
„ va autrement de ceux qu'on dit être Saints, mais

„ qui

„ qui ſont au Ciel; ceux-ci ne ſavent abſolument
„ rien de ce qui ſe paſſe ſur la terre, & il ne leur
„ eſt jamais accordé de converſer avec certaines
„ gens de l'Egliſe Romaine, qui ſont en cette
„ ſuperſtition, de peur qu'aucune idée de cette
„ même ſuperſtition n'entre en eux.

„ 825. De cet état des Saints un chacun peut
„ conclure que leurs invocations ne ſont que des
„ balivernes; & qui plus eſt, je puis affirmer qu'ils
„ n'entendent abſolument choſe quelconque des
„ invocations qu'on leur adreſſe ſur la terre, &
„ abſolument pas davantage que leurs ſimulacres
„ qu'on place aux coins des rues, ni davantage
„ que les murailles des temples où on les invo-
„ que, ou plus que les oiſeaux qui font leurs
„ nids dans les hautes tours. Ceux qui les ſer-
„ vent en ce monde diſent que les Saints ſont &
„ règnent enſemble au Ciel avec le Seigneur Jéſus
„ Chriſt: mais cette aſſertion eſt une fiction &
„ une fauſſeté abſolue; car ils ne règnent pas
„ plus avec le Seigneur, qu'un palfrenier ne règne
„ avec le Roi, ou un portier avec le grand dont
„ il garde la porte, ou un coureur avec ſon
„ Prince; en effet Jean-Baptiſte a dit du Seigneur
„ Que lui Jean-Baptiſte *n'étoit pas digne de délier
„ la courroie de ſes ſouliers*, Marc. I: 7. Jean I: 27.
„ Que feront donc ceux qui ſont tels.

„ 826. Il apparoît quelquefois aux PARISIENS
„ qui dans le monde ſpirituel ſont raſſemblés
„ en ſociété, une certaine femme, de ſtature
„ moyenne, en vêtemens blancs & éclatant, &
„ dont le viſage a l'air d'une ſainte; elle leur dit
„ être GENEVIEVE: mais dès que certains d'en-
„ tre eux commencent à l'adorer, les traits de
„ ſon viſage changent incontinent, & ſes habits
„ pareillement, & elle devient ſemblable à une

„ femme

„ femme du commun, & elle les reprend de ce
„ qu'ils veulent adorer une femme, qui parmi ses
„ compagnes n'est pas en plus haute considération
„ qu'une commune servante, leur marquant un
„ grand étonnement de ce que les hommes de
„ ce monde peuvent s'amuser à de pareilles niai-
„ series.

„ 827. A tout ceci j'ajouterai ce fait très digne
„ de la plus grande attention. Un jour Marie
„ Mère du Seigneur passa près de moi; je la vis
„ au dessus de ma tête, revêtue de blanc, & s'é-
„ tant alors un peu arrêtée, elle me dit qu'elle
„ avoit été la Mère du Seigneur, & qu'effective-
„ ment il étoit bien né d'elle, mais que devenu
„ Dieu, il avoit dépouillé toute l'humanité qu'il
„ avoit reçue d'elle, & que pour cette raison elle
„ l'adoroit actuellement lui-même comme son
„ Dieu, & qu'elle ne vouloit point qu'on le
„ reconnût pour son fils, parce qu'en lui tout est
„ Divin".

Je m'abstiendrai de faire ici les commentaires qui sautent aux yeux de tout lecteur, qui se contente de lire les choses sans prévention: il verra de reste par ce qui précede, sans que je me donne la peine de le lui montrer, combien il est *dangereux*, *ridicule* & surtout *parfaitement* INUTILE d'*adorer*, ou d'*honorer* ou d'*invoquer* les Saints. Mais comme Mr. PERNETY sur la remarque que je lui fis sur sa Note susmentionnée, en 1783, me fit la réponse suivante, réponse que m'ont fait bien d'autres que lui sur la même remarque: & comme cette réponse en pourroit seduire plusieurs, au grand détriment de leur vie spirituelle, après l'avoir retracée ici, l'explication de la partie de l'Apocalypse sur laquelle elle se fonde, la renversera de fond en comble & previendra le mal

„ qu'elle

qu'elle pourroit faire. Voici donc ce que cet Abbé m'a écrit à ce sujet, de Berlin le 10 Octobre 1783.

„ Quant à la Note que j'ai insérée sur l'honneur „ que l'on rend aux Saints, je l'ai crue nécessaire „ pour l'instruction des Catholiques, en leur en „ manifestant les abus. Car toutes les prieres „ s'adressent à Dieu, puisqu'elles finissent toutes „ *au nom de notre Seigneur Jésus Christ. Per Do-* „ *minum Nostrum Jesum Christum.* Voyez d'ail- „ leurs qu'il est dit dans l'Apocalypse que les sept „ Phioles qui étoient dans les mains *des Anges* „ devant le trône de Dieu, sont les prieres des „ saints (ou Justes) *Orationes sanctorum.* Or les „ Saints sont Anges, ou les Anges sont les Saints, „ puisque tout Ange a été homme. Voyez aussi „ l'Ange de Tobie".

Il seroit fort aisé de refuter tout ce raisonnement sur lequel s'étayent tous ceux qui veulent maintenir *la justice de l'Invocation des Saints;* mais comme L'ESPRIT DE VERITÉ s'est pleinement déclaré lui-même à ce sujet, écoutons-le avec attention, & contentons-nous de ce qu'il en a dit, non d'après un livre qui n'est pas de l'*Ecriture Sainte*, mais d'après l'explication de *son Apocalypse* sur le passage en question. C'est uniquement ces paroles QUI SONT LES PRIERES DES SAINTS, lesquelles se lisent à la fin du verset 8. du Chapitre V de l'Apocalypse, qu'il est ici question d'expliquer. Ces Paroles signifient (nous dit l'Esprit de vérité par *Swedenborg* à la page 143 de son APOCALYPSE REVELÉE) les pensées qui sont de la foi, & qui procédent des affections qui sont de la charité, en ceux qui par les biens & les vérités spirituelles adorent le Seigneur. Voici le sens spirituel mais général de ces paroles, qui n'autorisent pas le moins du monde l'invocation des Saints; mais

mais voyons-en l'explication particuliere, qui se trouve N°. 278. du même livre page 151.

„ Par prieres sont entendues les choses qui „ appartiennent à la foi, & en même tems celles „ qui sont de la charité ou qui lui appartiennent, „ & ceux qui font ces prieres: car sans ces cho- „ ses les prieres ne sont point des prieres, mais „ uniquement de vains sons vuides de vie. Vous „ pouvez voir ci-dessus au N°. 173. que le „ mot *Saints* désigne ceux qui sont dans les biens „ & les vérités spirituelles. Si *parfums* se disent „ des prieres des saints, c'est parce que les bon- „ nes odeurs correspondent aux affections du bien „ & du vrai: De là vient qu'il est si souvent dit en „ la Parole *odeur agréable*, *odeur du repos de Je-* „ *hovah*. Comme en l'Exode XXIX: 25. 42. Le- „ vitique I: 9. 13. 17. II: 2. 9. 10. III: 5. IV: „ 31. VI: 15. VIII: 28. XX: 18. XXVI: 31. „ Nombres XV: 3. 7. 10. 24. XXIX: 2. 13. Eze- „ chiel XX: 41. Osée XIV: 7. & en bien d'au- „ tres endroits. Pareilles choses sont signifiées par „ les prieres qui sont appellées des parfums aux „ endroits suivans de l'Apocalypse: *un autre Ange* „ *vint*, *& se tint devant l'autel*, *ayant une Phiole* „ (nos versions disent un encensoir) *d'or*, *& plu-* „ *sieurs* PARFUMS *lui furent donnés pour offrir* „ *avec* LES PRIERES *de* TOUS LES SAINTS „ *sur l'autel d'or*: *& la fumée des* PARFUMS *avec* „ *les* PRIERES DES SAINTS *monta de la main de* „ *l'Ange devant Dieu*. VIII: 3. 4. Et en David: „ *Prete l'oreille à ma voix*, *lorsque je crie à toi*; *mes* „ PRIERES *sont acceptées en* PARFUM *devant* „ *toi*. Pseaume CXLI. 1. 2.

On voit au N°. 173, cité dans celui sus-rapporté, que le mot SAINT se dit du Seigneur quant à sa vérité divine, & le mot JUSTE du même Seigneur quant

quant à ſon bien divin. Ne nous y trompons donc pas, *il n'y a que le Seigneur ſeul qui ſoit* SAINT; lui ſeul auſſi eſt LE JUSTE, parce que lui ſeul eſt *la vérité même & la bonté même en leur eſſence*; nous ne ſommes que des récipients tres imparfaits de l'une & de l'autre; & comme ce n'eſt jamais la chambre qu'on doit honorer, mais le Prince qui y demeure, auſſi n'eſt-ce jamais que la vérité même & la bonté même, ou ce qui revient au même le ſeul Seigneur Jéſus-Chriſt qui eſt l'une & l'autre, que nous devons adorer, honorer ou invoquer. C'eſt ici le lieu de nous reſſouvenir de notre promeſſe faite à la Note *Page* 11, & de donner par concluſion les articles de *Swedenborg* qui prouvent que

S'il n'y avoit pas un Verbe ou une Parole parmi les hommes, nul n'auroit la moindre connoiſſance de Dieu, du ciel & de l'enfer, ni d'une autre vie après la mort, & encore moins du Seigneur.

Cette Aſſertion ſe lit en LA THEOLOGIE UNIVERSELLE DU NOUVEAU CIEL ET DE LA NOUVELLE EGLISE au N°. 273. pag. 181. & ſuivantes.

„ 273. D'autant que ceux qui établiſſent & „ ont confirmé en eux-mêmes que ſans la Parole „ l'homme pouroit très bien avoir la connois- „ ſance de Dieu, & auſſi du ciel & de l'enfer, „ comme de toutes les autres choſes qu'enſeigne „ la Parole: auſſi n'eſt-ce point par la Parole qu'on „ doit

„ doit discuter cette matiere avec eux, mais par „ la lumiere naturelle de la raison ; car ce n'est „ point à la Parole qu'ils croyent, mais à eux-mê- „ mes. Enquérez-vous donc de cette matiere à „ l'aide de la lumiere de la raison, & vous trouve- „ rez qu'il y a en l'homme deux facultés de vie, „ qu'on appelle l'intellect & la volonté, & que „ l'intellect on l'entendement est sujet à la volon- „ té, & non la volonté à l'entendement; en effet „ l'entendement ne fait qu'enseigner & montrer „ ce qu'on doit faire par volonté: dé là vient, „ que bien des gens qui sont doués d'un esprit „ pénétrant, & qui entendent mieux que d'autres „ les principes moraux de la vie, ne vivent pas „ toute-fois conformément à ces principes; il „ en arriveroit tout autrement si ces préceptes „ étoient de leur volonté; informez-vous d'ail- „ leurs, & vous trouverez que la volonté de „ l'homme est son propre, ou ce qui lui appar- „ tient en propre, & que par sa naissance ce pro- „ pre est mauvais, & que dé là le faux où l'erreur „ est dans l'entendement. Après avoir trouvé „ cela, vous verrez que de soi ou de son chef „ l'homme ne veut absolument comprendre autre „ chose que ce qui est du propre de sa volonté, „ & que s'il n'y avoit une autre source, d'où il „ puisse le savoir, du propre de sa volonté l'hom- „ me ne voudroit comprendre autre chose que ce „ qui est de soi-même ou du monde; tout ce qui „ est au dessus est pour lui dans l'obcurité: si „ bien que quand il voit le soleil, la lune & les „ étoiles, s'il lui arrivoit alors de penser à leur „ origine, il ne pouroit en avoir d'autre pensée, „ sinon qu'ils existent d'eux-mêmes. Penseroit- „ il d'une maniere plus élevée, que ne font bien „ des savants en ce monde, qui nonobstant qu'ils

„ sachent

„ fachent par la parole que la création de toutes
„ choses est de Dieu, reconnoissent néanmoins la
„ nature pour créatrice de tout; & de grâce, que
„ feroient ces mêmes savans, s'ils n'avoient rien
„ sçu par la parole? Croyez-vous que les anciens
„ philosophes ou sages, comme Aristote, Ciceron,
„ Seneque, & les autres qui ont écrit touchant Dieu
„ & l'immortalité de l'ame, aient d'abord puisé
„ tout ce qu'ils ont écrit du fond de leur propre
„ intellect? Certes ils ne l'ont point fait, mais ils
„ l'ont tiré de quelques autres qui l'ont eu par tradi-
„ tion de ceux qui l'ont, de premiere main, sçu de
„ cette parole ancienne dont nous avons parlé
„ ci-dessus. Les écrivains de la Théologie natu-
„ relle n'ont pas non plus puisé de leur propre
„ fond rien de cette nature, & ils n'ont fait que
„ confirmer ce qu'ils savent par l'Eglise en laquelle
„ est la parole, par leur raisonnemens; & il peut
„ très bien y en avoir parmi eux qui le confirment,
„ & cependant ne le croyent pas.

„ 274. Il m'a été accordé de voir des peuples
„ nés dans des Isles, raisonnables quant aux
„ choses civiles, mais qui n'ont eu aucune con-
„ noissance de Dieu; ces peuples paroissent com-
„ me des sphinxs au monde spirituel: mais com-
„ me ils sont nés hommes, & delà sont en la fa-
„ culté de recevoir la vie spirituelle, ils sont
„ instruits par des Anges, & sont vivifiés par
„ les connoissances qu'ils leur donnent du Sei-
„ gneur comme homme. On voit clairement de
„ quelle nature l'homme est de soi-même, par
„ ceux qui sont en enfer, parmi lesquels il s'en
„ trouve aussi des plus fameux & de très savants,
„ qui ne veulent pas même entendre parler de
„ Dieu, & pour cette raison ne peuvent pas
„ même prononcer le mot Dieu; je les ai vus,

„ & j'ai converſé avec eux; j'ai même auſſi con-
„ verſé avec certains d'entre eux, qui entroient en
„ fureur & devenoient enragés, quand ils enten-
„ doient quelqu'un parler du Seigneur. Exami-
„ nez donc de quelle nature feroit l'homme, qui
„ n'auroit jamais rien entendu touchant Dieu,
„ vû qu'il y en a qui ſont tels, encore qu'ils aient
„ eux-mêmes parlé de Dieu, qu'ils aient écrit de
„ Dieu & qu'ils aient même prêché touchant Dieu.
„ Si ces gens ſont tels, cela vient de leur volonté,
„ qui étoit mauvaiſe, & c'eſt elle, comme on l'a
„ dit ci-devant, qui dirige l'entendement, & en
„ ôte le vrai qui peut y être de la Parole. Si de
„ ſon propre chef l'homme eut pû ſavoir que
„ Dieu exiſte, & qu'il y a une autre vie après la
„ mort, pourquoi n'a-t-il donc pas ſçu auſſi que
„ l'homme eſt homme après la mort? Pourquoi
„ croit-il que ſon ame ou ſon eſprit eſt comme
„ un vent ou un Ether, qui ne voit point par
„ des yeux, qui n'entend point par des oreil-
„ les, ne parle point par une bouche, avant
„ que d'etre rejoint & réuni à ſon cadavre & à
„ ſon ſquélete? Suppoſez donc une Doctrine
„ produite par la ſeule lumiere de la raiſon, cette
„ Doctrine ne tendroit-elle pas à faire que l'hom-
„ me s'adorât lui-même, comme cela a même eu
„ lieu autrefois & ſe fait encore aujourd'hui par
„ ceux qui ſavent cependant par la parole, que
„ Dieu ſeul doit être adoré. Du propre de l'hom-
„ me il ne ſauroit provenir d'autre culte qui celui-
„ là; pas même le culte du ſoleil ou de la lune.

„ 275. Si dès les tems les plus reculés il y a eu
„ une Religion parmi les hommes, & ſi les habi-
„ tans de ce monde ont partout eu la connois-
„ ſance de Dieu, & ont ſçu quelque choſe d'une
„ vie après la mort, cela n'eſt point venu d'eux-
„ mêmes,

„ mêmes, ou de leur propre intelligence, mais „ du verbe ancien, dont nous avons parlé ci-de„ vant, du N. 264 à 266, & par la suite cela leur „ est venu par la Parole Israëlite. De ces deux „ Paroles ont émané les autres cultes religieux qui „ se sont établis dans les Indes & dans leurs Isles, & „ qui ont passé par l'Egypte & l'Ethiopie dans les „ Royaumes d'Afrique, & des parties mariti„ mes de l'Asie dans la Grèce, & de là dans l'I„ talie. Mais comme il n'a pu se faire que la „ Parole soit autrement écrite que par des repré„ sentations, qui sont des choses en ce monde de „ nature à correspondre aux choses célestes, & „ qui dès là les signifient, c'est pourquoi les cultes „ Religieux des Nations se sont changés en cultes „ idolâtres, & dans la Grèce en une Religion „ fabuleuse: & tous les attributs & prédicaments „ divins ont été pris pour autant de Dieux, à la „ tête desquels ils mirent un Dieu suprême, „ qu'ils appelloient Jove ou Jupiter, peut être „ du mot Jehovah. On sait qu'ils ont eu con„ noissance du Paradis, du Deluge, du feu sacré, & „ des quatre âges du monde, depuis le premier ou „ le siecle d'or, jusqu'au dernier ou siécle de fer, „ comme il est décrit au second chapitre de Da„ niel verset 31 à 35.

„ 276. Ceux qui croyent pouvoir par leur „ propre intelligence s'acquerir des connoissan„ ces touchant Dieu, le Ciel & l'Enfer & les autres „ choses spirituelles qui appartiennent à l'Eglise, „ ne savent pas que l'homme naturel considéré „ en soi même est contre le spirituel, & que pour „ cette raison il veut arracher toutes les choses „ spirituelles qui entrent en lui, ou les envelop„ per de faussetés, qui sont comme ces vers qui „ rongent & consument la racine des plantes &

„ des moiſſons; on pouroit les comparer à des „ gens qui rèvent être montés ſur des Aigles, „ & portés dans les nues, ou montés ſur des Pé- „ gâſes, & volans par la colline du Parnaſſe ſur le „ haut Helicon: Ils ſont en réalité comme des Lu- „ cifers en enfer, lesquels s'appellent encore-là „ des fils de l'aurore, comme eſt dit en Eſaïe „ XIII. 22. & ils ſont comme ceux qui habitoient „ la vallée & la terre de Schinear, & qui entre- „ prirent d'y bâtir une tour, dont le ſommet ſe „ perdroit dans le Ciel, dont il eſt parlé en la „ Gen. XI: 2. 4. Et ils ſe fient en eux-mêmes comme „ Goliath, ne prévoyant pas qu'ils peuvent com- „ me lui avoir le front fracaſſé d'une pierre lan- „ cée par une fronde & en être renverſés. Je „ vous dirai quel ſort les attend après la mort; „ ils deviennent d'abord comme des gens yvres, „ enſuite comme des foux, & finalement devien- „ nent ſtupides, & vont s'aſſeoir dans les téné- „ bres: qu'ils ayent donc à bien ſe garder d'un „ pareil délire".

Quoique le ſecond article que nous avons promis ci-deſſus, précède dans l'auteur celui que nous venons d'inſérer, cependant la maniere dont nous avons conſidéré la choſe en la dite Note requéroit que nous lui donnaſſions ici la ſeconde place; le voici donc tel que l'auteur nous l'a donné; c'eſt l'Article XIII de ſon chapitre de la parole ou du verbe N°. 267. de la Theologie Universelle, où il avance, que

Par le Verbe, ceux-là même ont la lumiere,
qui ſont nés hors du ſein de l'Egliſe
& qui n'ont pas la Parole.

„ 267. Il ne sauroit y avoir nulle conjonction „ avec le ciel, qu'il n'y ait quelque part une „ Eglise sur la terre, où se trouve la parole, & „ où par son moyen le Seigneur soit connu, par- „ ce que le Seigneur est le Dieu du ciel & de la „ terre, & sans le Seigneur il n'y a point de salut. „ On peut voir ci-dessus N°. 234 à 240. que c'est „ par le verbe qu'il y a conjonction avec le Sei- „ gneur, & association avec les Anges. Il suffit „ qu'il existe quelque part une Eglise où le verbe „ se trouve, bien que cette Eglise soit composée „ respectivement parlant d'un très petit nombre, „ par cela néanmoins le Seigneur ne laisse pas que „ d'être universellement présent sur tout le globe „ de la terre, car par ce verbe le ciel est conjoint „ au genre humain.

„ 268. Mais comment nous est donnée cette „ présence & conjonction du Seigneur & du Ciel „ sur toute la terre, par le moyen du verbe? C'est „ ce que nous allons dire tout à l'heure. Généra- „ lement tout le Ciel Angelique est comme un seul „ homme vis à vis du Seigneur, & il en est de „ même de l'Eglise sur la terre; on peut voir au „ traité du ciel & de l'enfer, du N°. 59 à 87, „ qu'ils ont même l'un & l'autre, c'est-à-dire le „ Ciel & l'Eglise, en réalité cette apparence d'hom- „ me. En cet homme l'Eglise, où le verbe se lit „ & où par ce verbe le Seigneur est connu, est „ comme le Cœur & comme le Poumon; le „ rêgne céleste du Seigneur représente le cœur, „ & le rêgne spirituel le poumon: or donc, com- „ me de ces deux sources de vie dans le corps „ humain tout le reste des membres, viscères „ & organes de ce corps dérivent la subsistance „ & la vie, de même aussi généralement tous „ ceux qui sont répandus sur tout le globe de la

„ terre, & parmi qui il y a une Religion, un „ seul Dieu est adoré, & l'on mêne une bonne „ vie & qui par ces trois clauses se trouvent „ faire partie du grand homme, & en représenter „ les membres & les visceres qui sont hors de la „ capacité de la poitrine laquelle renferme le cœur „ & le poumon, ont leur subsistance & leur vie „ de la conjonction du Seigneur & du Ciel avec „ l'Eglise, par le moyen de la parole; car le verbe „ en l'Eglise Chrétienne, est à tout le reste des „ hommes la vie dérivante du Seigneur par le Ciel, „ tout comme la vie des membres & des visceres „ de tout le corps humain leur vient du cœur & „ du poumon; il y a même une semblable com„ munication. Ce qui fait aussi que les Chrêtiens „ parmi lesquels la parole se lit, constituent la „ région de la Poitrine de ce grand homme; ils „ sont aussi au milieu de tous, & sont environ„ nés des Papistes, autour desquels sont rangés „ les Mahométans, qui reconnoissent le Seigneur „ comme le plus grand Prophête, & pour le „ fils de Dieu; après eux viennent les Africains, „ & la derniere circonférence est formée des peu„ ples & des nations de l'Asie & des Indes.

„ 269. On peut conclure qu'il en est ainsi géné„ ralement dans tout le Ciel, d'après la même „ chose qui se rencontre en chaque société du „ ciel en particulier; en effet chaque société est „ un ciel en diminutif, & représente aussi un hom„ me; qu'il en soit ainsi, se peut voir au traité „ du ciel & de l'enfer du N°. 41 à 87. Dans „ toute société du ciel ceux qui en occupent le „ centre représentent pareillement le cœur & le „ poumon, & parmi eux se trouve la plus grande „ lumiere, la lumiere même, & la perception du „ vrai qui en dérive, se propage de tous côtés

„ de

„ de ce milieu vers les périphéries, & passe ainsi „ à tous ceux qui sont en cette société, & constitue leur vie spirituelle. Il m'a été montré „ que quand ceux qui occupoient le centre, & „ chez qui étoit concentrée la plus grande lumiere, étoient ôtés, ceux qui étoient dans les environs passoient dans l'obscurité de l'entendement, & étoient pour lors en une si foible perception de la vérité, qu'ils s'en lamentoient; „ mais aussi-tôt que les habitants du centre étoient „ de retour, la lumiere se faisoit voir & ils étoient „ dans la perception de la vérité tout comme auparavant. On peut faire ici comparaison avec „ la chaleur & la lumiere du soleil de notre monde, lesquelles procurent la végétation aux „ arbres & aux végétaux, à ceux-mêmes qui croissent sur les côtes & sous la nue, pourvû que „ le soleil soit levé. Ainsi la lumiere & la chaleur „ du ciel qui y procède du Seigneur comme soleil „ de ce séjour, laquelle lumiere en son essence „ est le vrai Divin, duquel vient aux Anges & „ aux hommes toute intelligence & toute sagesse; „ c'est pour cela qu'il est dit du *Verbe*, *qu'il étoit avec Dieu & qu'il étoit Dieu*, *qu'il éclaire tout homme qui vient au monde*, *& que cette lumiere a aussi paru dans les ténèbres*. Jean I: 1. 5. 9. Par „ verbe est ici entendu le Seigneur quant au vrai „ Divin.

„ 270. Il peut être évident par tout ceci, que „ le verbe qui est parmi les Protestans & les Réformés, éclaire toutes les nations & les peuples par communication spirituelle; comme „ aussi que le Seigneur pourvoit constamment à ce „ qu'il y ait toujours sur la terre une Eglise où „ le verbe soit lu, & où le Seigneur soit donné „ à connoitre par son moyen; c'est pour cela que

„ lorſque ce verbe eut été preſqu'entierement
„ rejetté par les Papiſtes, ce fut un effet de la
„ divine Providence du Seigneur, que la Réfor-
„ mation eut lieu, & de là le verbe fut comme
„ retiré des cachots où il avoit été relegué, &
„ remis en uſage. De même auſſi quand le verbe
„ eut été entierement falſifié & adultéré parmi la
„ nation Juive, & rendu comme abſolument nul,
„ il plut alors au Seigneur de deſcendre du ciel,
„ & de venir lui-même comme verbe, & de le
„ remplir en ſon entier, & par cette action de le
„ réintégrer & le rétablir, & de donner dere-
„ chef la lumiere aux habitans de la terre, ſelon
„ ces propres paroles du Seigneur, *un peuple ſié-*
„ *geant dans les ténébres a vu une grande lumiere,*
„ *ſur ceux qui ſiégeoient en la région & dans l'ombre*
„ *de la mort, la lumiere s'eſt élevée pour eux.* Eſaïe
„ IX: 1. Math. IV: 16.

„ 271. Comme il a été prédit qu'à la fin de cet-
„ te Egliſe des ténebres s'éléveroient auſſi par le
„ défaut de connoiſſance du Seigneur, & de ſa-
„ voir qu'il eſt Dieu du Ciel & de la Terre, &
„ d'après la ſéparation faite de la foi d'avec la cha-
„ rité, de peur que par ceci la pure intelligence
„ du verbe ne périſſe entierement, & qu'ainſi
„ l'Egliſe n'ait le même ſort, c'eſt pourquoi il
„ vient de plaire au Seigneur de révéler mainte-
„ nant LE SENS SPIRITUEL DU VERBE, &
„ de manifeſter que le verbe eſt ce ſens, & par lui
„ contient dans le ſens naturel des merveilles in-
„ nombrables, par leſquelles eſt reſtituée la lu-
„ miere du vrai dérivée de la parole, laquelle étoit
„ actuellement preſqu'entierement éteinte. Il a
„ été prédit en bien des endroits de l'Apocalypſe,
„ que la lumiere du vrai ſeroit preſqu'entierement
„ éteinte à la fin de cette préſente Egliſe; & c'eſt

„ auſſi

„ auſſi ce qu'on doit entendre par ces paroles du „ Seigneur; *Immédiatement après l'affliction de ces „ jours-là, le ſoleil ſera obſcurci & la lune ne don- „ nera plus ſa lumiere, & les étoiles tomberont du „ ciel, & les vertus des cieux ſeront ébranlées, & „ alors ils verront le fils de l'homme venant dans les „ nuages du ciel avec gloire & vertu.* Math. XXIV: „ 29. 30. En ce paſſage, par ſoleil eſt entendu le „ Seigneur quant à l'amour; par lune le Seigneur „ quant à la foi; par étoiles quant aux connoiſ- „ ſances du vrai & du bien; par fils de l'homme „ le Seigneur quant au verbe; par nuages le ſens „ litteral du verbe; par gloire le ſens ſpirituel du „ verbe, & ſa tranſparence à travers le ſens de „ ſa lettre; & par vertu ſa puiſſance.

„ 272. Il m'a été accordé de ſavoir par une ex- „ périence très multipliée, que par le verbe „ l'homme a communication avec le ciel: com- „ me j'en faiſois lecture depuis le premier chapi- „ tre d'Eſaïe juſqu'au dernier de Malachie, & les „ Pſeaumes de David, & comme je tenois ma „ penſée dans leur ſens ſpirituel, il me fut donné „ d'appercevoir clairement que chaque verſet „ communiquoit avec quelque ſociété du ciel, & „ qu'ainſi tout le verbe communiquoit générale- „ ment avec tout le ciel; d'où il me parut très „ clairement, que comme le Seigneur eſt le ver- „ be, de même auſſi le ciel eſt le verbe, car c'eſt „ de par le Seigneur que le ciel eſt ciel, & le „ Seigneur par le verbe eſt tout en toutes les cho- „ ſes du ciel.

Il eſt tems maintenant, Lecteur, de nous quitter; mais avant de le faire, permettez moi d'ajouter ici un mot d'avis à quiconque ſe ſentira comme moi, porté d'inclination à communiquer à ſes ſemblables quelques uns des ouvrages de notre

 auteur

auteur, dans une langue qui leur soit plus familiere que la latine; c'est ou de ne point s'en mêler du tout, ou de donner l'auteur tel qu'il est, & sans le changer, soit en y ajoutant ou en y diminuant ou même en lui faisant dire ce qu'il n'a point dit; car je crois fermément qu'il y a autant de mal d'altérer volontairement les Ecrits Théologiques de Swedenborg, ou d'en supprimer chose quelconque, qu'il y en auroit d'altérer les Saintes Ecritures ou l'Apocalypse: au 18 verset du dernier Chapitre duquel livre il est dit „ *Je proteste à quiconque entend les paroles de la prophétie de ce Livre, que si quelqu'un ajoute à ces choses, Dieu fera tomber sur lui les playes écrites dans ce livre* & au verset 19 il ajoute, *si quelqu'un retranche quelque chose des paroles du livre de cette prophétie, Dieu lui otera sa part du livre de vie, & de la sainte cité & dans les choses qui sont écrites en ce livre.* Les œuvres Théologiques de Swedenborg sont LA DOCTRINE *designée sous ces paroles:* qu'on se donne donc bien de garde d'y rien retrancher, ou ajouter, ou altérer. Il vaut mieux, si vous n'y croyez pas, les laisser là, comme non avenues, que de les donner aucunement tronquées ou alterées au public. Il est facheux d'apprendre qu'on ait si indécemment traduit la perle de tous ses traités, celui des DÉLICES DE LA SAGESSE TOUCHANT L'AMOUR CONJUGAL. Rien n'est plus sublime & plus suprêmement décent que ce traité; qu'on ne se laisse donc pas prévenir contre lui par la lecture d'aucune traduction imparfaite & trop libre, & qu'on ne perde jamais de vue, que la plume de Swedenborg est aussi chaste que celle des quatre Evangélistes, & qu'on ne peut la défigurer sans se rendre aussi grossierement coupable, que si on adultéroit & falsifioit ces quatre sources sacrées des vérités les

les plus importantes à notre ſalut. Mais comme nous avons tous les jours lieu d'obſerver qu'il ſe trouve bien des eſprits de travers qui donnent une mauvaiſe conſtruction & interprétation à tout ce que l'on peut dire pour la défenſe de la vérité, n'ayant certainement deſſein d'offenſer perſonne, nous prévenons qu'en alléguant le texte ſus-cité de l'Apocalypſe, nous ne le faiſons pas pour comparer les Ouvrages de Swedenborg ou d'aucun homme quelconque au VERBE proprement dit, ou à la PAROLE même de Dieu; ce n'eſt point là notre deſſein; mais ſeulement de mettre tout traducteur de cet Auteur ſur ſes gardes, & de l'engager par les raiſons les plus fortes & les plus preſſantes, à ne jamais altérer LA DOCTRINE DE VÉRITÉ qu'il a plu au Seigneur de nous communiquer par le miniſtere d'un auteur qu'il a daigné inſpirer lui-même pour nous rendre par lui LA LUMIERE DE SA PAROLE DANS TOUTE SA PURETÉ. D'ailleurs nous n'ignorons pas que ces paroles ne ſignifient pas ce que le général des théologiens de nos jours leur font ſignifier. On en peut voir l'explication dans l'Apocalypſe révélée de Swedenborg N°. 957, 958 & 959.

AVERTISSE-

AVERTISSEMENT,

Qui ſe trouve à la tête de la Traduction de M. *Peraut*, imprimée à Paris (*).

Une Queſtion obſcure, épineuſe, pleine de difficultés, & qui a exercé de tous les temps la ſagacité des Philoſophes qui ont voulu pénétrer les Myſtères de la Nature, c'eſt ſans doute celle de l'Union de l'Ame & du Corps, & du Commerce ou Correſpondance entre ces deux Subſtances. Trois Hypothèſes partagent les Savans ſur cette importante Queſtion. Les uns prétendent qu'il y a une Influence Phyſique du Corps ſur l'Ame; ils veulent que le Corps frappé par les Agens extérieurs, porte le ſentiment de cette commotion à l'Ame. C'eſt le Syſtême des Matérialiſtes, qui ne voyent partout que de la Matière, & rien au-delà. D'autres ſoutiennent qu'il y a une opération inſtantanée & unanime entre les deux Subſtances, opération qu'ils nomment Harmonie Préétablie. Enfin un troiſième Syſtême eſt celui de l'Influence Spirituelle, qui non-ſeulement paroît le plus vraiſemblable, mais encore eſt le ſeul vrai, comme le démontre l'Auteur de ce petit Traité dont nous offrons au Public la Traduction.

Ce Syſtême n'eſt donc pas nouveau; mais ce qui l'eſt, c'eſt la manière dont l'Auteur le démontre, ſes preuves, & les ſublimes vérités qu'il annonce. On avoit dit avant lui qu'il y avoit une Influence de l'Ame ſur le Corps; mais on n'avoit pas dit qu'il y eût une Influence ſur l'Ame, & que ſans cette influence il n'y auroit point de vie, point d'action, point de communication par conſéquent entre les deux ſubſtances. Mais nous ne chercherons point ici à prévenir les Lecteurs ſur le mérite de cet Ouvrage, traduit depuis pluſieurs années en Allemand & en Anglois par de Savans Hommes qui n'ont pas dédaigné d'y ajouter des éclairciſſemens

(*) L'Impreſſion du Diſcours Préliminaire de Mr. *Hartley* étoit achevée lorſque nous avons reçu la Traduction de Mr. *Peraut*; comme elle nous a paru la mieux faite de toutes celles qui exiſtent des Ouvrages de Mr. *Swedenborg*, nous croyons devoir la faire ſuivre ici, & l'accompagner de quelques notes que nous avions deſtinées pour la nôtre.

éclairciſſemens & des notes. Nous ôſons ſeulement nous flatter que les Lecteurs ſans préjugés & de bonne foi nous ſauront quelque gré de leur avoir fait connoître un Ouvrage devenu très-rare, ainſi que tous les autres du même Auteur. Ce ſeroit ici le lieu de parler de la Perſonne & des Ecrits de cet homme extraordinaire : on y verroit un homme embrâſé dès ſon enfance de l'amour de la Vérité, conſacrer tous les momens d'une très-longue vie à l'étude de cette Vérité, parcourir les différentes contrées de l'Europe pour y chercher des connoiſſances qu'il jugeoit néceſſaires à ſon plan, publier le fruit de ſes travaux & de ſes découvertes ſans emphâſe, ſans prétention & dans l'unique vue du bien général : bon Citoyen, bon Ami, en un mot, un vrai Philoſophe, un véritable Sage, non de ces Sages en ſpéculation, tels qu'on en voit tous les jours, mais qui joignoit à la théorie la pratique de toutes les Vertus : on y verroit un Savant non moins diſtingué par la profondeur de ſon génie, que par la vaſte étendue de ſes connoiſſances dans les Mathématiques, la Phyſique, l'Hiſtoire Naturelle, l'Anatomie, la Métaphyſique, la Théologie. Mais on peut conſulter les Merveilles du Ciel & de l'Enfer, Ouvrage du même Auteur, traduit du Latin, imprimé à Berlin, 1782 ; & où le Traducteur a raſſemblé à la tête du premier Volume tout ce qu'il a pu trouver ſur la Vie & les Ecrits de *Swedenborg*. Nous nous contenterons de donner ici une notice de tous ſes Ouvrages imprimés, trop peu connus juſqu'aujourd'hui, mais bien dignes de l'être.

CATALOGUE

CATALOGUE
DES OUVRAGES

Imprimés D'EMANUEL SWEDENBORG, selon l'Ordre Chronologique. Ceux marqués d'une * ont été traduits en François ; on en trouve des Exemplaires chez BARROIS l'aîné, Quai des Augustins, [& chez P. F. GOSSE, Libraire & Imprimeur de la Cour à la Haye.] chez lesquels on peut se procurer aussi quelques Ouvrages Latins de l'Auteur.

1. ANNÆI *Senecæ & Pub. Syri Mimi forsan, & aliorum selectæ Sententiæ, cum Annotationibus Erasmi, & Græcâ Versione Scaligeri, Notis illustratæ*, Upsalæ, 1709

C'est une Dissertation Académique, qui annonçoit de l'érudition dans un jeune homme de vingt ans; & le premier Ouvrage sorti de la plume de notre savant Auteur.

2. *Ludus Heliconius, sive Carmina Missellanea quæ variis in locis cecinit Em. Swedenborg*, Skaræ, 1710.

Collection de Vers Latins; ils annonçoient une vivacité d'esprit rare : peu d'Auteurs à cet âge ont donné de pareilles preuves de Génie & de Talent pour la Poësie.

3. *Dædalus Hyperboreus*, Stokolmiæ, 1716, 1717 & 1718, in 4., six Parties, en Suédois.

Des Essais & Remarques sur les Mathématiques & la Physique

4. *Introduction à l'Algèbre, sous le titre de* l'Art des Règles, 1717, en Suédois.

5. *Essai pour fixer la Valeur de nos Monnoies & déterminer nos Mesures, de manière à supprimer les fractions pour faciliter les Calculs*, 1719.

6. *De la Position & du mouvement de la Terre & des Planètes*, 1719.

7. *De la Hauteur des Marées, du Flux & du Reflux de la Mer plus grand jadis, avec les preuves tirées de la Suède*, 1719.

Je crois ces trois derniers Ouvrages écrits en Suédois.

8. *Essai sur les Principes des choses Naturelles, ou sur la Manière d'expliquer géométriquement la Chymie & la Physique Expérimentale.*

9. *Nouvelles*

9. *Nouvelles Observations & Découvertes sur le Fer & le Feu, & particulierement sur la Nature du feu Elementaire, avec une nouvelle forme de Cheminée.*
10. *Nouvelle Méthode pour trouver les Longitudes soit en Mer soit sur Terre, par le moyen de la Lune.*
11. *Manière de construire les Bassins propres à recevoir des Navires.*
12. *Nouvelle construction des Ecluses.*
13. *Manière d'éprouver les Qualités des Navires.*

Ces six derniers Ouvrages sont écrits en Latin, & ont été imprimés à Amsterdam en 1721, & réimprimés en 1727.

14. *Recueil d'Observations sur les Choses Naturelles, particulièrement sur les Minéraux, le Feu & les Couches des Montagnes.* Trois Parties imprimées à Leipsick, & la quatrieme à Hambourg, 1722.
15. *Oeuvres Philosophiques & Minéralogiques*, Leipsik & Dresde, 1734, 3 *vol. in folio.*

Le premier volume est intitulé : *Principes des Choses Naturelles, ou nouveaux Essais sur les Phénomènes du Monde Elémentaire, expliqués philosophiquement.* Le second : *Le Monde Souterrain, ou du Fer & des diverses Methodes employées en différens Pays de l'Europe pour la Liquation du Fer, & de la Conversion du Fer en Acier : de la Mine de Fer & de ses Epreuves : des Préparations Chymiques & des Expériences faites avec le Fer & son Vitriol.* Le troisième : *Le Monde Souterrain, ou du Cuivre, de l'Airain & des diverses Méthodes usitées en Europe pour la Liquation du Cuivre : de la Manière de le séparer de l'Argent, & de le convertir en Airain, & autres Métaux : de la Pierre Calaminaire : du Zinc : de la Mine de Cuivre & de ses Epreuves : des Préparations Chymiques & des Expériences faites avec le Cuivre.* Chaque volume est subdivisé en trois Sections.

Nous n'avons pas d'Ouvrage plus curieux & plus savant que celui-ci dans la Métallurgie. Non seulement il est fait avec soin ; mais il est encore orné de 155 Gravures pour faciliter l'intelligence des Principes de l'Auteur & des travaux des Mines. Dans le premier volume, il considère le grand Edifice de l'Univers, dont il explique les Phénomènes avec une sagacité peu commune. On peut regarder cette Partie comme un Traité de Physique générale, morceau précieux, qui mériteroit bien d'être traduit en notre Langue, comme l'a été la seconde Partie qui concerne le Fer que l'on a inférée dans les Descriptions des Arts & Métiers.

16. *Essai*

16. *Essai de Philosophie Spéculative sur l'Infini, la Cause finale de la Création, & le Méchanisme de l'Opération de l'Ame & du Corps.* Dresde, 1734, *in* 8.

17. *Economie du Règne Animal*, en deux parties: le première traite *du Sang*, *des Artéres*, *des Veines & du Cœur*, *avec une Introduction à la Psycologie Rationelle.* La seconde: *Du Mouvement du Cerveau, de la Substance Corticale & de l'Ame Humaine.* Amsterdam, 1740 & 1741, *in* 4.

18. *Le Règne Animal*, en trois parties: la première traite *des Viscères de l'Abdomen, ou des Organes de la Région inférieure.* La seconde: *Des Viscères de la Poitrine, ou des Organes de la Région Supérieure.* La troisième: *De la Peau, du Tact & du Goût, & des Formes Organiques en général.* La Haye & Londres, 1744 & 1745, *in* 4.

On a traduit en notre Langue tant d'Ouvrages superficiels: pourquoi ceux-ci n'ont-ils pas encore trouvé de Traducteurs?

19. *Du Culte & de l'Amour de Dieu: Partie première, où il est traité de l'origine de la Terre, du Paradis, de la Naissance, de l'Enfance & de l'Amour du Premier Homme ou Adam*, Londres, 1744, *in* 4. *Seconde Partie, où il est traité du Mariage du Premier Homme ou Adam: de l'Ame, de l'Esprit Intellectuel, de l'Etat d'Intégrité, & de l'Image de Dieu*, Londres, 1745, *in* 4.

20. *Arcanes Célestes, contenus dans l'Ecriture Sainte ou dans la Parole du Seigneur: contenant l'Explication de la Génèse & de l'Exode, avec les Merveilles vues dans le Monde des Esprits & dans le Ciel Angélique*, Londres, 1747 à 1758, 8 vol *in* 4.

21.* *Du Ciel & de l'Enfer*, Londres, 1758. *in* 4

22.* *De la Nouvelle Jerusalem & de sa Doctrine Céleste*, Londres, 1758, *in* 4.

23. *Du Dernier Jugement & de la Destruction de Babylone*, Londres, 1758, *in* 4.

24.* *Du Cheval Blanc dont il est parlé dans l'Apocalypse*, Londres, 1758, *in* 4.

25.* *Des Terres Planétaires & Australes & de leurs Habitans*, Londres, 1758. *in* 4.

26. *Doctrine de la Nouvelle Jérusalem concernant le Seigneur*, Amsterdam, 1763, *in* 4.

27. *Doctrine de la Nouvelle Jérusalem concernant l'Ecriture-Sainte*, Amsterdam, 1763, *in* 4.

28. *Doctrine de Vie pour la Nouvelle Jérusalem*, Amsterdam, 1763, *in* 4.

29. Continuation

29. *Continuation du Dernier Jugement*, *& du Monde Spirituel*, Amſterdam, 1763, *in* 4.
30. *Sageſſe Angélique ſur l'Amour Divin & la Sageſſe Divine*, Amſterdam 1763, *in* 4.
31. *Sageſſe Angélique ſur la Providence Divine*, Amſterdam, 1764, *in* 4.
32. *L'Apocalypſe Revélée*. Amſterdam, 1764. *in* 4.
33.* *Délices de la Sageſſe ſur l'Amour conjugal*, *& Voluptés de la Folie ſur l'Amour de la Débauche*, Amſterdam, 1768. *in* 4.

Cet Ouvrage vient d'être traduit en François, & imprimé à Berlin. Il ſeroit à deſirer qu'il fût entre les mains de tous les Epoux.

34. *Expoſition ſommaire de la Doctrine de la Nouvelle Egliſe déſignée dans l'Apocalypſe par la Nouvelle Jéruſalem*, Amſterdam, 1769, *in* 4.
35.* *Du Commerce de l'Ame & du Corps*, Londres, 1769, *in* 4.

Cet Ouvrage, ainſi que celui du Ciel & de l'Enfer, a été traduit en Anglois avec des Notes, par le ſavant Docteur *Thomas Hartley*.

36. *La Vraie Religion Chrétienne contenant toute la Théologie de la Nouvelle Egliſe, prédite par le Seigneur dans Daniel & dans l'Apocalypſe*, Amſterdam, 1771, *in* 4.

C'eſt ici le dernier Ouvrage de l'Auteur, & c'eſt par-là qu'il a terminé ſa laborieuſe carrière dans ce monde; car peu après avoir publié cet Ouvrage, dont il ſoigna lui-même l'Edition, il mourut à Londres, de la mort la plus douce, le 29 Mars 1772, à l'âge de 85 ans. Le beau Tableau que celui d'une Vie ſi bien employée! Cet Ecrivain méritoit aſſurément une place dans le Dictionnaire des grands Hommes.

On compte encore parmi ſes Ouvrages imprimés:

1. *Supplément à la Vraie Religion Chrétienne, où il eſt traité des quatre Egliſes qui ont exiſté ſur notre Terre depuis la Création du Monde; de leurs Périodes & Communication*, Londres, Ouvrage poſthume.
2. *Réponſe à la Lettre d'un Ami*, Londres, 1769. *in* 4. Elle ne contient que deux pages & demie.
3. *Sageſſe Angélique ſur la Vie.*
4. *Sageſſe Angélique ſur la Toute-Puiſſance*, *l'Omnipréſence & l'Omniſcience de Dieu*, *ſur l'Eternité & l'Immenſité.*
5. *Des Miracles Divins & Magiques.*

Nous ne connoiſſons ni la date, ni le lieu de l'Impreſſion de ces trois derniers.

L'Auteur a laissé un nombre considérable de Manuscrits, dont on annonce une Edition à Londres en 20 vol. in 4. de 3 à 400 pages, & dont il a déja paru un Ouvrage, sous le titre de *Clef Hyeroglyphique des Arcanes Spirituels & Naturels par la voye des Correspondances & des Représentations.*

On trouvera le Plan de Souscription pour les dites *Oeuvres Posthumes de Swedenborg*, à la suite de notre présente édition.

DU

DU COMMERCE
ÉTABLI ENTRE
L'AME ET LE CORPS,
OU
TRAITÉ DE LA LIAISON QUI SUBSISTE ENTRE LE SPIRITUEL ET LE MATÉRIEL.

1. Il y a trois Opinions ou Hypothèses sur le Commerce de l'Ame & du Corps, ou sur l'opération de l'une sur l'autre, & de l'un avec l'autre : la première est appellée *Influence Physique* la seconde *Influence Spirituelle*, & la troisième *Harmonie Préétablie*. La première, ou *Influence Physique*, est fondée sur les apparences & les illusions des sens, parce qu'il paroît que les objets extérieurs, qui affectent les yeux, influent dans la pensée, & la produisent; de même qu'il semble que les paroles qui agitent les oreilles, influent dans l'esprit; & y produisent les idées; & ainsi des autres sens. Comme les organes des sens reçoivent d'abord les contacts qui nous viennent des objets matériels, & que l'esprit semble penser & même vouloir selon les affections de ces organes, les anciens Philosophes & Scholastiques crurent que l'Influence découloit de ces objets dans l'Ame, & ils formerent ainsi l'Hypothèse de l'Influence Physique ou Naturelle. La seconde, qui est appellée *Influence Spirituelle*, & par quelques-uns *Occasionnelle*; est selon l'ordre & ses loix; parce que l'Ame est une substance spirituelle, plus pure, antérieure, & interne par rapport au Corps, qui est matériel, & par conséquent plus grossier, postérieur & externe; & il est dans l'ordre que le plus pur influe dans le plus grossier, l'antérieur dans le postérieur, & l'interne dans l'externe, & ainsi le spirituel dans le matériel, & non le contraire, & par conséquent que la Faculté pensante influe dans la vue, selon les modifications que les yeux éprouvent des objets extérieurs, modifications que

 cette

cette Faculté dispose aussi à son gré ; & la Faculté perceptive dans l'ouïe, selon que les oreilles sont modifiées par les paroles qui leur sont transmises. La troisième, qui est appellée *harmonie preétablie* est fondée sur les illusions & les lueurs trompeuses de la raison, parce que l'esprit dans l'opération agit en même temps avec le corps ; mais cependant toute opération est d'abord successive & ensuite simultanée: l'opération successive est l'Influence, & l'opération simultanée est l'Harmonie; comme, par exemple, lorsque l'esprit pense & ensuite parle, qu'il veut & ensuite agit; ainsi c'est une erreur de la raison d'admettre le simultané & d'exclure le successif. Après ces trois Hypothèses sur le Commerce de l'Ame & du Corps, on ne peut en admettre une quatrième, parce qu'il faut ou que l'Ame agisse sur le Corps, ou le Corps sur l'Ame, ou l'un & l'autre toujours ensemble.

2. Comme l'Influence Spirituelle est selon l'ordre & ses loix, ainsi que nous l'avons dit, c'est l'Hypothèse qui a été reconnue & adoptée de préférence aux deux autres, par tous les Sages du Monde Savant. Tout ce qui est conforme à l'ordre est vérité, & la vérité se manifeste par la lumière qui est en elle, même dans l'ombre de la raison, siège des hypothèses; mais ce qui enveloppe dans l'ombre cette hypothèse, c'est l'ignorance de la nature de l'Ame, du Spirituel & de l'Influence; il faut donc, avant tout, connoître ces trois choses, afin que la raison puisse voir la vérité; car la vérité hypothétique n'est point une vérité même, c'est seulement une conjecture de la vérité. On peut la comparer à un tableau, pendu à un mur, vu la nuit à la lueur des étoiles; l'esprit lui prête différens objets selon ses fantaisies; ce qui n'arrive point lorsque la lumière du soleil vient à l'éclairer, & qu'elle en découvre, non-seulement l'ensemble, mais encore tous les détails. Il en est de même de cette hypothèse qui est dans l'ombre de la vérité, mais qui devient une vérité évidente lorsqu'on connoît ce que c'est, & quel est le Spirituel respectivement au Naturel, & ce que c'est & quelle est l'Ame humaine, enfin quelle est cette Influence qui découle dans l'Ame & par l'Ame dans la Faculté perceptive & pensante, & de-là dans le Corps

Corps. Mais ceci ne peut être enseigné que par celui à qui Dieu a accordé d'être en société avec les Anges dans le Monde Spirituel, & en même temps avec les Hommes dans le Monde Naturel; & comme j'ai eu ce bonheur, j'ai pu expliquer tout cela: ce que j'ai fait dans l'Ouvrage de *l'Amour conjugal;* pour le Spirituel, dans les N°. 326 à 329; pour l'*Ame humaine*, N°. 315, & pour *l'Influence*, N°. 380, & plus en détail, N°. 415 à 422. Qui ne sait point, ou ne peut savoir que le bien de l'Amour & la vérité de la Foi influent de Dieu dans l'Homme, qu'ils influent dans son Ame, se font sentir dans son esprit & découlent de la pensée dans ses paroles, & de sa volonté dans ses actions? Que de-là vienne l'influence Spirituelle, son origine & émanation, c'est ce que nous allons expliquer dans cet ordre: I. Il y a deux Mondes, le Monde Spirituel où sont les Anges & les Esprits, & le Naturel où sont les Hommes. II. Le Monde Spirituel existe & subsiste par son Soleil, & le Naturel par le sien. III. Le Soleil du Monde Spirituel est pur Amour, procédant de *Jehovah* Dieu qui est au milieu. IV. De ce Soleil procèdent une Chaleur & une Lumière; cette Chaleur dans son essence est Amour, & cette Lumière dans son essence est Sagesse. V. Cette Chaleur aussi-bien que cette Lumière influent dans l'Homme, la Chaleur dans sa Volonté, & y produit le Bien de l'Amour, & la Lumière dans son Entendement, & y produit le Vrai de la Sagesse. VI. Ces deux choses, Chaleur & Lumière, ou Amour & Sagesse, influent ensemble de Dieu dans l'Ame de l'Homme, de l'Ame dans l'esprit, ses affections & ses pensées, & de-là dans les sens du Corps, les paroles & les actions. VII. Le Soleil du Monde Naturel est pur feu, & par lui le Monde de la Nature existe & subsiste. VIII. Par consequent tout ce qui procéde de ce Soleil de soi-même est mort. IX. Le Spirituel se revêt du Naturel, comme l'Homme d'un habit. X. Le Spirituel, ainsi revêtu dans l'homme, fait qu'il peut vivre ici-bas raisonnablement & moralement & ainsi spirituellement. XI. La réception de cette influence est conforme à l'état de l'Amour & de la Sagesse qui sont dans l'Homme. XII. L'Entendement dans l'Homme peut être élevé dans la Lumière, c'est-à-dire dans la Sagesse où sont les Anges du Ciel, selon la culture de la raison, & sa volonté peut être élevée dans la Chaleur, c'est-à-dire dans l'Amour où sont aussi les Anges, selon les actions de sa vie; mais l'Amour de la Volonté ne peut être élevé qu'autant que l'Homme veut & fait ce que la Sagesse de l'Entendement lui enseigne. XIII. Il en est tout autrement chez les Bêtes. XIV. Il y a trois dégrés dans le Monde Spirituel, & trois dégrés dans le Monde Naturel, selon lesquels se fait toute Influence. XV. Les fins sont dans le premier dégré, les causes dans le second, & les effets dans le troisième. XVI. De-là on voit quelle est l'Influence Spirituelle depuis son origine jusqu'à ses effets. Expliquons maintenant en peu de mots tous ces Articles.

I.

Il y a deux Mondes, le Monde Spirituel où sont les Anges & les Esprits, & le Monde Naturel où sont les Hommes.

3. JUSQU'A présent on a entierement ignoré, même dans le Monde Chrétien, qu'il y a un Monde Spirituel où sont les Anges & les Esprits, distinct du Monde Naturel où sont les Hommes; parce qu'aucun Ange n'en est descendu pour en instruire les Hommes & qu'aucun Homme n'y est monté de son vivant. Or, de peur que par l'ignorance de ce Monde, & le doute sur l'existence du Ciel & de l'Enfer, l'Homme ne soit infatué au point de devenir Naturaliste-Athée, il a plu au Seigneur d'ouvrir les yeux de mon esprit, de les élever dans le Ciel, de les abaisser même sur l'Enfer, & de me faire voir ce que c'est que le Ciel & l'Enfer. Par ce moyen j'ai vu clairement qu'il y a deux Mondes distincts l'un de l'autre, l'un où tout est Spirituel, & de là est nommé Monde Spirituel; & l'autre dans lequel tout est Naturel, d'où il prend le nom de Monde Naturel; & que les Esprits & les Anges vivent dans leur Monde comme les Hommes dans le leur; enfin que tout homme après sa mort passe du Naturel dans le Spirituel, pour y vivre éternellement.

Il

Il faut avant tout faire connoitre ces deux Mondes, afin de dévoiler dès son origine l'Influence qui fait l'objet de cet Ouvrage. Car le Monde Spirituel influe dans le Monde Naturel, & l'anime dans chacune de ses parties, tant dans les Hommes que dans les Bêtes, & produit même la végétation dans les Arbres & les Plantes.

II.

Le Monde Spirituel existe & subsiste par son Soleil, & le Monde Naturel par le sien (*).

4. Le Soleil du Monde Spirituel est différent de celui du Monde Naturel, parce que ces Mondes sont absolument distincts l'un de l'autre. Or le Monde tire son origine du Soleil; ainsi le Monde où tout est Spirituel ne peut pas naître du Soleil duquel sont produites toutes les choses Naturelles; car si cela étoit, il y auroit une Influence Physique, & nous avons reconnu que cette Influence étoit contre l'ordre. Que le Monde doive son existence au Soleil, & non le Soleil au Monde, c'est ce que l'on peut constater par le fait même. Or il est constant que le Monde dans son tout & dans ses parties subsiste par le Soleil: la subsistance démontre l'existence, & c'est aussi pourquoi l'on dit que la subsistance est une perpétuelle existence; par-là il est évident que, si le Soleil venoit à manquer, le Monde retomberoit dans son chaos & dans le néant. Qu'il y ait dans le Monde Spirituel un Soleil, autre que celui du Monde Naturel, c'est ce que je puis certifier, parce que je l'ai vu. Il paroît semblable à un globe de feu, comme notre Soleil, à peu-près de la même grandeur; il est éloigné des Anges, comme le nôtre l'est des Hommes; il ne se lève point, il ne se couche pas comme le nôtre; mais il demeure immobile, dans une élévation moyenne entre le Zénith & l'Horison, & par-là les Anges jouissent d'une perpétuelle lumiè-re

(*) Cette Doctrine de l'Existence de deux Soleils & de deux Mondes, d'un Spirituel & d'un Naturel, n'est pas si nouvelle qu'on le l'imagine, puisqu'on l'a retrouve dans le livre de Cabala Denudata, & ailleurs; mais elle n'est nulle part si bien dévelopée que dans notre Auteur.

& d'un printemps éternel. L'homme qui n'a que ſa raiſon pour guide & qui ne ſait rien du Soleil du Monde Spirituel, ſe trompe facilement dans ſes idées ſur la création de l'Univers; lorſqu'il médite profondément ſur cette création, il ne conclut autre choſe, ſinon qu'elle vient de la Nature; & parce que le Soleil eſt l'origine de la Nature, qu'elle vient du Soleil comme ſon Auteur. De plus, l'on ne comprendra jamais l'Influence Spirituelle, ſi l'on ne connoît auſſi ſon origine. Or toute Influence vient du Soleil, l'Influence Spirituelle du ſien, & l'Influence Naturelle du ſien auſſi. La vue interne de l'homme qui appartient à ſon eſprit, reçoit l'Influence du Soleil Spirituel; mais la vue externe, qui eſt la vue du corps, reçoit l'Influence du Soleil Naturel, & dans l'opération ces deux vues s'uniſſent, comme l'Ame s'unit avec le corps. Par-là on peut voir dans quel aveuglement, obſcurité & ſottiſe peuvent tomber ceux qui ne ſavent rien du Monde Spirituel & de ſon Soleil; dans l'*aveuglement*, parce que l'Eſprit qui n'a que la vue de l'œil pour guide dans le raiſonnement, devient ſemblable à une Chauve-Souris qui erre çà-&-là pendant la nuit, & ſe jette ſur des haillons que l'on tend en l'air; dans l'*obſcurité*, parce que la vue de l'eſprit alors eſt privée de toute lumière ſpirituelle, & devient ſemblable au Hibou; dans la *ſottiſe*, parce que néanmoins l'homme penſe, mais il penſe ſur les choſes ſpirituelles d'après les choſes naturelles; ce qui l'induit en erreur; ainſi toutes ſes penſées ne ſont que folie, ſottiſe & ignorance.

III.

Le Soleil du Monde Spirituel eſt pur Amour, procédant de Jehovah *Dieu, qui eſt au milieu.*

5. LES choſes ſpirituelles ne peuvent procéder d'ailleurs que de l'Amour, & l'Amour lui-même que de *Jehovah* Dieu, qui eſt l'Amour même. C'eſt pourquoi le Soleil du Monde Spirituel, d'où découlent comme de leur ſource toutes les choſes ſpirituelles, eſt le pur Amour, procédant de *Jehovah* Dieu, qui y eſt au milieu. Ce Soleil n'eſt point Dieu; mais il vient de Dieu; c'eſt la première ſphère qui ſort de lui & qui

qui l'environne. C'est par ce Soleil, procédant de *Jehovah* Dieu, qu'a été créé l'Univers, par lequel on entend en général tous les Mondes, qui sont en aussi grand nombre qu'il y a d'étoiles dans l'étendue de notre Ciel. Que la création soit l'ouvrage de ce Soleil qui est pur Amour, & ainsi de *Jehovah* Dieu, c'est que l'Amour est l'être même de la vie, & la Sagesse l'Existence de la vie, & que de l'Amour par la Sagesse tout a été créé; c'est ce qui est exprimé par ces paroles de St. Jean: *Le Verbe étoit en Dieu, & le Verbe étoit Dieu; toutes choses ont été faites par lui; & rien de ce qui a été fait n'a été fait sans lui, & par lui le Monde a été fait.* I: 3-10. Le Verbe dans ce passage est la divine Vérité; c'est aussi la divine Sagesse (*). Voilà pourquoi le Verbe est aussi appellé Lumière qui éclaire tout homme. *Vers.* 9. C'est ce que fait de même la divine Sagesse par la divine Vérité. Ceux qui font venir l'origine des Mondes d'ailleurs que du divin Amour par la divine Sagesse, sont dans la même erreur que ces fous qui voyent des spectres comme des hommes, & des phantômes comme des lumières, enfin des êtres de raison comme des êtres réels. Car l'Univers créé est l'ouvrage de l'Amour par la Sagesse, un tout dont les parties sont dans la plus parfaite harmonie; ce que vous appercevrez facilement, si vous pouvez examiner par ordre les divers points de la chaine qui unit tout ce vaste Univers. De même que Dieu est Un; de même le Soleil Spirituel est un; car l'extension de l'espace ne peut pas s'appliquer aux choses Spirituelles, qui sont des

(*) Il paroit, observe Mr. *Hartley*, que l'Office de la création est indifféremment assigné au *Verbe Divin* le Λόγος, du premier Chap. de l'Evangile de Jean, & à la *Sagesse*; comme on le peut voir en divers endroits des Saintes Ecritures: ainsi nous lisons au Pseaume CXXXVI: Celui qui par Sagesse a fait les cieux. v. 5. Et aux Proverbes Ch. III: 19. Jehovah, ou le Seigneur a fondé la terre par Sagesse; & en Jéremie LI: v. 15 Il a établi le monde par sa Sagesse, & il a étendu les cieux par son intelligence; enfin St. Paul en son Epitre aux Hebreux Ch. XI: v. 3. dit les siecles (les traducteurs Anglais disent le Monde, & quelques uns les Mondes) ont été rangés par la Parole de Dieu. Mais il est bon d'observer que l'Amour & la Sagesse sont parfaitement unis en Dieu, & que Sa Parole en est l'émanation.

des émanations de ce Soleil, & dans les étendues sans espace l'essence & l'existence sont partout sans espace (*), & ainsi le divin Amour se répand depuis le premier terme de l'Univers jusqu'à ses extrêmités les plus éloignées. La raison entrevoit de loin que l'influence divine remplit toutes choses, & par-là conserve toutes choses dans leur état d'êtres créés ; mais elle l'apperçoit clairement, lorsqu'elle connoît la nature de l'Amour & son union avec la Sagesse, pour produire les fins, son influence dans la Sagesse pour faire naître les causes, & son opération par la Sagesse, pour qu'il en résulte les effets.

I V.

De ce Soleil procède une Chaleur & une Lumière ; cette chaleur dans son essence est Amour, & cette lumière dans son essence est Sagesse.

6. ON sait que dans la Parole Divine, & de-là dans le langage commun des Prédicateurs, l'Amour divin est exprimé par le Feu ; comme lorsqu'ils disent que le Feu céleste remplit les cœurs & excite de saints desirs d'aimer Dieu ; c'est que le Feu correspond à l'Amour (†), & par conséquent le signifie

(*) Ceci, dit Mr. *Hartley*, devient jusqu'à un certain degré compréhensible par les Opérations de l'esprit humain, comme aussi par les idées que nous avons de la Sagesse, de la Bonté, de la Joie, de la paix de l'Amour &c. toutes expressions qui n'ont aucun rapport avec l'espace ou les distances. On doit observer néanmoins qu'encore que les mots espace & place ne sauroient se dire du Monde spirituel, cependant notre auteur assure d'un bout à l'autre de ses ouvrages, d'après sa propre expérience, qu'il y a là les mêmes apparences de l'un & de l'autre, tout comme ici, & qu'il y a même une infiniment plus grande variété d'objets sensibles, d'autant plus que les Esprits & les Anges étant revêtus de corps spirituels, ont toutes leurs sensations, tout aussi bien que nous, & seulement beaucoup plus vives que les nôtres.

(†) La Doctrine des Correspondances est une Doctrine aussi ancienne que le monde ; mais à mesure que l'amour Divin s'est éclipsé du cœur des hommes le vrai de cette Doctrine a fui avec cet amour. Cette Doctrine fait voir que tout ce qui s'observe en la nature, c'est-à-dire généralement tous les objets principiés dans toutes les parties & productions de cette nature répondent ou correspondent à des choses intérieures & spirituelles, c'est-à-dire à celles qui les ont principiées, comme l'empreinte répond au cachet, ou comme la figure dans un miroir répond à la figure qu'on met devant. Cette Doctrine, nous dit notre auteur, a été parfaitement connue

connue des hommes ou membres de la toute Primitive Eglise nommée ou désignée dans l'Ecriture sous le nom d'Adam & d'Eve, & le premier échec que sa vérité ait reçu parmi les hommes, est désigné dans l'histoire de la Genese par leur action de manger du fruit de l'arbre défendu; un autre grand échec que reçut encore cette Doctrine se voit dans le meurtre que commit Cain de son frere Abel. C'est ici la grande Division faite entre l'amour ou la charité & la foi: Division qui a insensiblement rendu cette Doctrine mensongère. Depuis cette époque, un petit nombre (comme l'observe ici Mr. HARTLEY, dont nous allons donner le reste de la note), a de tems en temps eu quelque legere idée de cette Doctrine; disons même que certains hommes particulierement favorisés & bénis du Très-Haut en ont dans tous les tems eu une connoissance assez exacte; & nous en retrouvons bien des traces dans la sagesse des anciens; leur Mythologie a été fondée par cette Doctrine, déja beaucoup corrompue, nous permettrons-nous d'ajouter: mais elle se perdit enfin dans la Fable & finit par se corrompre entierement dans les fictions des Poëtes. Originairement cette Doctrine des correspondances a été la clef de tous les mysteres, & pour l'homme le Miroir de Dieu dans la Nature. Elle s'est conservée plus longtems parmi les Egyptiens, que parmi tout autre peuple. Et c'est la Science en laquelle on dit que Moyse a été versé. Les Hieroglyphes de ces peuples en sont les derniers restes; mais la connoissance de ces Hieroglyphes & du Langage qui exprime les choses spirituelles par des naturelles a été perdu depuis un temps immémorial en ce monde, & ne reste actuellement qu'avec notre Auteur, qui en est en possession. Nous nous permettrons d'ajouter encore ici à ce que dit notre ami *Hartley*, qu'il a été de tout temps une classe de Philosophes qui existe encore parmi nous, & qui se designent eux-mêmes du titre de Philosophes Hermétiques, qui prétendent tous à cette Science; mais à un bien petit nombre desquels on ne sauroit je crois le refuser, pour des raisons qui seroient trop longues à déduire ici. *Swedenborg* avance en tous ses Ouvrages que les saintes Ecritures sont surtout écrites en ce Langage des correspondances (un degré même de cette vérité a été constamment preservé dans tous les siecles de l'Eglise) il nous en a retracé plusieurs Exemples en son Interprétation de la Genese & de l'Exode, en son livre appellé ARCANA COELESTIA & dans une infinité de MÉMORIAUX rapportés dans tous ses autres Ouvrages *d'après ce qu'il en a vu & entendu lui-même.* Il nous fait esperer qu'il donnera bientot au monde la clef de ces Hieroglyphes. (Cette clef ou plutôt les premieres traces d'une telle Clef s'étant trouvées parmi ses ouvrages posthumes, & nous ayant été apportées de *Stockholm* par un Ami Zelé des vérités révélées par *Swedenborg*, nous avons obtenu d'un membre de la Société d'imprimer ce précieux Fragment l'an passé, sous le titre de *Clavis Hieroglyphica* annoncé ci-dessus. Cette brochure ainsi qu'un autre fragment du même auteur dont nous avons aussi obtenu l'impression l'an passé sous le titre de *Summaria Expositio sensus interni librorum Propheticorum verbi veteris Testamenti &c.* se vendent à Paris chez *Barrois*, l'ainé *Quai des Augustins*, à la Haye, chez *P. F. Gosse*, Libraire & Imprimeur de la Cour, & à Londres chez l'Imprimeur *Robert Hindmarsh*, N°. 32. Clerkenwell-Close.) *Swedenborg*, continue notre ami *Hartley*, a fait voir en diverses parties de ses ouvrages que la très ancienne, ou toute primitive Eglise, c'est-à-dire celle qui a précédé le Déluge, & la Corruption & Apostasie générale qui l'a produit, se servoit des Emblêmes & signes naturels, comme d'une langue originelle, pour s'instruire en matieres Divines; mais que dans la suite l'idolâtrie dut son origine à ce langage, quand les hommes perdant de vue Dieu en ses Ouvrages, commencerent à adorer les signes, au lieu de passer par eux *aux objets qu'ils designoient;* &

signifie (*). C'est pourquoi *Jehovah* Dieu apparut à Moyse comme un Feu dans un buisson (†), & sur la montagne de Sinaï devant les Enfans d'Israël, & qu'il fut ordonné de garder continuellement du Feu sur l'Autel, & d'allumer le soir les Lampes du Chandelier dans le Tabernacle; tout cela parce que le Feu signifioit l'Amour. Que de ce Feu provienne une chaleur, c'est ce que l'on voit manifestement par les effets de l'Amour; car l'homme s'enflame, s'embrase selon que son Amour s'exalte en zèle, ou en emportement de colère. La chaleur du sang, ou la chaleur vitale de l'homme, & en général des animaux, ne procède d'ailleurs que de l'Amour, qui fait leur vie. Le Feu infernal

& que ce fut pour cette raison que Dieu en sa miséricorde infinie leur donna un langage & une loi écrite, pour éloigner d'eux tout sujet & toute occasion d'idolâtrie.

(*) *Swedenborg* établit dans ses Ouvrages que toutes les choses matérielles représentent autant de choses spirituelles, & leur correspondent. On en voit ici un exemple, & plus bas N°. 20. Il assure que cette science des correspondances étoit connue des Anciens; mais qu'elle s'est perdue par la succession des temps. Voici à ce sujet un Passage du *Culte & de l'Amour de Dieu*, Ouvrage du même Auteur, que nous nous proposons de donner au Public. „ Les Fables des Anciens sur Pallas, les Muses, la Fontaine du Parnasse, le Cheval ailé ou Pégase, &c. sont de pures représentations significatives des choses, représentations semblables à celles des Intelligences célestes, dont nous avons dit ci-dessus que le langage est exécuté par le moyen des représentations vives, par lesquelles elles expriment en même temps plusieurs séries de choses; par exemple, l'Entendement humain est représenté par des Chevaux diversement ornés selon ses diverses qualités; les Sciences & les Intelligences, par des Nymphes, & la Suprême, par une Déesse ou Pallas; les Expériences, par des Hommes auxquels ces Nymphes furent mariées, & leur Chef, par Apollon; la Clarté de l'Entendement, par des Eaux, sur-tout de Source; son obscurité & les diverses difficultés & troubles qui en proviennent, par des Eaux troubles; les Pensées par des Oiseaux de divers genres, couleur & beauté. De-là les Métamorphoses fréquentes des Muses en Oiseaux, que la Fable raconte. Je me borne à ces exemples, d'où on peut voir que les Fables des Anciens étoient de pures Représentations prises du Ciel; & que par conséquent leur esprit étoit plus près du Ciel que le notre, qui ignore même que ces Représentations existent, & encore plus ce qu'elles signifient". (Note de Mr. *Peraut.*)

(†) Il a y à ce sujet une erreur fort détrimentale parmi le clergé dans tout le Christianisme, qui prétend que Dieu est un feu consumant, tandis qu'il est un feu vivifiant: de cette erreur découlent bien des fatales conséquences, touchant la justification, par la foi isolée des œuvres; la justification gratuite &c. &c. &c. conséquences qui ont amené la dévastation actuelle de l'Eglise Chrétienne.

infernal n'eſt autre choſe que l'Amour oppoſé à l'Amour céleſte. De-là vient que l'Amour divin apparoît aux Anges comme un Soleil dans leur Monde, ſemblable à un globe de feu, comme notre Soleil, ainſi qu'il a été dit ci-deſſus, & que les Anges ſont dans cette chaleur ſelon la réception de l'Amour, procédant de *Jehovah*, Dieu, par ce Soleil (*). Il ſuit de-là que la Lumière dans ſon eſſence eſt Sageſſe; car l'Amour & la Sageſſe ſont individuels, comme l'être & l'exiſtence: en effet l'Amour exiſte par la Sageſſe & ſelon la Sageſſe. Il en eſt de même dans notre Monde, où dès le Printemps la chaleur s'unit avec la lumière, & fait germer & fructifier les Végétaux. De plus, chacun ſait que la chaleur ſpirituelle eſt Amour, & la lumière ſpirituelle Sageſſe. Car l'homme eſt chaud à proportion qu'il aime, & ſon entendement eſt plus ou moins éclairé, ſelon qu'il eſt plus ou moins ſage. J'ai vu très-ſouvent cette lumière ſpirituelle, elle ſurpaſſe infiniment la lumière naturelle en blancheur & en éclat; elle eſt la blancheur & la ſplendeur même; elle paroît auſſi brillante, auſſi éclatante que la neige. Tels parurent les vêtemens du Seigneur, lorſqu'il fut transfiguré, S. Marc, IX: 3. S. Luc., IX: 28. La Lumière étant la Sageſſe, le Seigneur ſe nomme lui-même la Lumière qui éclaire tout homme, S. Jean, I: 9; & ailleurs il dit qu'il eſt la Lumière même, S. Jean, III: 3; VIII: 12; XII: 35, 39, 47; c'eſt-à-dire, la divine Vérité, qui eſt la ſainte Parole, & par conſéquent la Sageſſe même. On croit que la lumière naturelle, qui eſt la lumière de la raiſon vient de la lumiere de notre notre Monde, mais cela n'eſt pas; car elle procède du Monde Spirituel. En effet, la vue de l'eſprit influe dans la vue du Corps, auſſi bien que la Lumière; mais non celle-ci dans celle-la; car ſi cela étoit, il n'y auroit qu'une ſimple Influence Phyſique, & non une Influence Spirituelle.

(*) Qu'on ne s'y trompe pas, l'homme en ce Monde n'eſt frileux, ou non frileux, qu'à raiſon de ſa réception du même amour.

V.

Cette Chaleur, aussi bien que cette Lumière, influent dans l'Homme, la Chaleur dans sa Volonté & y produit le Bien de l'Amour, & la Lumière dans son Entendement & y produit le Vrai de la Sagesse.

7. On sait qu'en général tout se rapporte au Bien & au Vrai, & qu'il n'y a point d'être quelconque qui n'y soit relatif; de-là vient qu'il y a dans l'Homme deux réceptacles de vie l'un qui est le réceptacle du Bien, & qui est appellé Volonté, & l'autre qui est le réceptacle du Vrai, & qui est appellé Entendement; & parce que le Bien appartient à l'Amour & le Vrai à la Sagesse, la Volonté est le réceptacle de l'Amour, & l'Entendement celui de la Sagesse. Que le Bien appartienne à l'Amour, c'est que l'Homme veut ce qu'il aime, & lorsqu'il le fait, il le nomme Bien. Que le Vrai appartienne à la Sagesse, c'est que toute Sagesse procède des Vérités, & que même tout le bien que le Sage pense est vrai & devient bon lorsqu'il le veut & le met en pratique. Quiconque ne distingue pas ces deux réceptacles de vie, qui sont la Volonté & l'Entendement, & ne s'en forme point une notion bien claire, s'efforce envain de connoître l'Influence Spirituelle. Car il se fait une influence dans la Volonté, une autre dans l'Entendement; dans la Volonté influe le Bien de l'Amour, & dans l'Entendement le Vrai de la Sagesse; l'un & l'autre procèdent de *Jehovah* Dieu, immédiatement par le Soleil, au milieu duquel il est, & médiatement par le Ciel Angélique. Ces deux réceptacles, la Volonté & l'Entendement, sont aussi distincts que la Chaleur & la Lumière; car la Volonté reçoit la Chaleur du Ciel, laquelle dans son essence est Amour, & l'Entendement reçoit la Lumière du Ciel, qui dans son essence est Sagesse, comme il a déja été dit Il y a une Influence de l'esprit de l'homme dans ses paroles, & une autre dans ses actions; l'Influence dans ses paroles procède de la Volonté par l'Entendement, & l'Influence dans ses actions procède de l'Entendement par la Volonté. Ceux qui ne connoissent que l'influence dans l'Entendement, & ignorent l'Influence

l'influence dans la Volonté, & qui raisonnent & concluent en conséquence, sont comme des borgnes qui ne voyent les objets que d'un coté; ou comme des manchots qui travaillent péniblement d'une seule main, ou enfin comme des boiteux qui marchent en sautillant avec un bâton sur un seul pied. Par ce qui vient d'être dit, on voit clairement que la Chaleur Spirituelle influe dans la Volonté de l'homme, & y produit le Bien de l'Amour, & que la Lumière Spirituelle influe dans son Entendement, & y produit le Vrai de la Sagesse.

V I.

Ces deux choses, Chaleur & Lumière, ou Amour & Sagesse, influent conjointement de Dieu dans l'Ame de l'Homme, par l'Ame dans l'esprit, & de-là dans les sens du Corps, les paroles & les actions.

8. JUSQU'A présent les hommes instruits ont enseigné qu'il y a une influence Spirituelle de l'Ame dans le Corps; mais ils n'ont pas dit qu'il y eût une influence dans l'Ame, & par l'Ame dans le Corps, quoique l'on sache que tout bien de l'Amour & toute Vérité de la Foi influent de Dieu dans l'homme, & nullement de l'homme. Or tout ce qui procède de Dieu influe immédiatement dans l'Ame, par l'Ame dans l'Esprit, & par celui-ci dans le Corps. Quiconque recherche autrement l'influence Spirituelle, est comme un homme qui obstrue le canal d'une source, & veut cependant y trouver des eaux vives; ou comme celui qui cherche l'origine d'un arbre dans sa racine, & non dans la semence; ou enfin comme un homme qui examine les Principiés, sans remonter au Principe. Car l'Ame n'est point la Vie en soi, mais elle est le réceptacle de la Vie qui procède de Dieu, qui est la Vie en soi: & toute influence vient de Dieu; ce qui est désigné par ces paroles: *Jehovah Dieu souffla dans les narines de l'homme une Ame de Vie* (*), *& l'homme fut fait en*

(*) L'Hébreux dit positivement de vies au plurier, & ce n'est pas sans raison qu'il s'exprime ainsi, puisqu'il y a deux vies en l'homme, celle de la volonté & celle de l'Entendement, mais pour mieux s'instruire de

en Ame vivante. Gen. II: 7. Souffler dans les narines une Ame de Vies, signifie insérer la perception du Bien & du Vrai. Le Seigneur dit aussi de lui-même: *Comme le Père a la Vie en soi, il a aussi donné au Fils d'avoir la Vie en soi.* S. Jean, V: 26. La Vie en soi, c'est Dieu; & la Vie de l'Ame est la Vie procédant de Dieu. Maintenant puisque toute influence appartient à la Vie, que celle-ci opère par ses réceptacles, & que l'intime ou premier réceptacle dans l'homme est son Ame, pour bien comprendre cette influence, il faut commencer par Dieu, & non point par une station intermédiaire; car alors la Doctrine de l'Influence seroit comme un char sans roues, ou comme un navire sans voiles. Cela étant, j'ai dû parler d'abord du Soleil du Monde Spirituel, au milieu duquel est *Jehovah* Dieu, Article III, & ensuite l'Influence de l'Amour & de la Sagesse, & par conséquent de la Vie, Article IV & V. Que la Vie influe de Dieu dans l'Ame de l'homme, par l'Ame dans l'esprit, c'est-à-dire, dans ses affections & ses pensées, & de-là dans les sens du Corps, les paroles & les actions, c'est que ces choses appartiennent à la Vie dans un ordre successif; car l'Esprit (*Mens*) est subordonné à l'Ame (*Anima*), & le Corps est subordonné à l'Esprit. L'Esprit a deux Vies, l'une de la Volonté, l'autre de l'Entendement; la Vie de la Volonté est le Bien de l'Amour, dont les émanations sont appellées affections; & la Vie de l'Entendement est le Vrai de la sagesse, dont les émanations sont nommées pensées, & c'est par ces affections & ces pensées que l'esprit vit. La Vie du Corps sont les sensations, la parole & les actions; toutes ces choses viennent de l'Ame par l'Esprit, comme on le voit par l'ordre dans lequel elles s'exécutent; ce qui sera très-évident pour le Sage, même sans un grand examen. L'Ame humaine étant une Substance Spirituelle supérieure, reçoit l'influence immédiatement de Dieu; mais l'Esprit étant une Substance spirituelle inférieure à l'Ame, reçoit l'influence de Dieu médiatement

de la véritable raison de cette expression, il faudroit consulter le Traité de *Swedenborg* sur l'Amour Conjugal, où cela est clairement démontré, au N°. 315.

ment par le Monde Spirituel; & le Corps étant une Subſtance de la nature, que l'on nomme Matiere, reçoit l'influence de Dieu médiatement par le Monde Naturel. Nous verrons dans les Articles ſuivans, que le Bien de l'Amour & le Vrai de la Sageſſe influent conjointement, c'eſt-à dire, unis enſemble, de Dieu dans l'Ame de l'homme, mais que dans leurs progreſſions, ils ſont ſéparés par l'homme & ne ſont réunis que dans ceux qui ſe laiſſent conduire par Dieu (*).

VII.

Le Soleil du Monde Naturel eſt pur Feu; & le Monde de la Nature exiſte & ſubſiſte par ce Soleil.

9. TOUT le Monde ſait par ſa propre expérience, par les notions des ſens & par les écrits publiés ſur cette matière, que la Nature & ſon Monde, par leſquels on entend les Atmoſphères & les Terres que l'on nomme Planetes, parmi leſquelles eſt notre Globe terreſtre, ainſi que toutes & chacune des productions qui ornent tous les ans la ſurface de ce Globe, chacun, dis-je, ſait que toutes ces choſes ſubſiſtent uniquement par le Soleil qui eſt leur centre, & qu'il eſt préſent partout par les rayons de ſa lumière, & par ſa chaleur. Or, comme il s'enſuit de-là une perpétuelle ſubſiſtance, la raiſon peut en conclure très-certainement qu'il y a auſſi une perpétuelle exiſtence; car perpétuellement ſubſiſter, c'eſt perpétuellement exiſter. De-là il ſuit que *Jehovah* Dieu a crée le Monde Naturel médiatement par le Soleil. Nous avons déja démontré que les choſes ſpirituelles & les naturelles diffèrent eſſentiellement entr'elles, & que l'origine & la conſervation des choſes ſpirituelles vient du Soleil qui eſt pur Amour, au milieu duquel eſt le Créateur & Conſervateur de l'Univers *Jehovah* Dieu. Quant à l'origine & conſervation des choſes naturelles, elle vient du Soleil qui eſt pur feu; celui-ci vient du premier Soleil, & l'un & l'autre de Dieu, comme l'effet vient de la cauſe, &

(*) Gens dont le nombre eſt fort petit au ſiecle où nous vivons.

& la cause d'un premier Principe. Que le Soleil de la Nature & de ses Mondes soit pur feu, tous ses effets le prouvent ; comme la concentration de ses rayons dans un foyer, d'où il résulte un feu très-brûlant & même de la flamme, dont la chaleur est de la même nature, que celle du feu élémentaire. La gradation de cette chaleur du Soleil est selon les incidences ; de-là les Climats & les quatre Saisons de l'année. Par ce qui vient d'être dit, sans citer une infinité d'autres faits, la raison peut conclure, d'après le témoignage de l'expérience, que le Soleil du Monde Naturel est pur feu, & même le feu dans toute sa pureté. Ceux qui ne savent rien de l'origine des choses spirituelles par leur Soleil, & qui ne connoissent que l'origine des choses naturelles, ne peuvent que confondre les choses spirituelles avec les choses naturelles, & conclure, d'après les illusions des sens & de la raison (*), que les choses spirituelles ne sont que les naturelles plus pures, de l'activité desquelles, excités par la lumière & & la chaleur, se forment la Sagesse & l'Amour ; & comme ces gens-là ne voyent, ne sentent, ne respirent que la nature, ils lui attribuent toutes choses, même les spirituelles, & hument ainsi le Naturalisme, comme une éponge absorbe l'eau. On peut les comparer à des cochers qui atteleroient leurs chevaux derrière le char. Il n'en est pas de même de ceux qui distinguent entre les choses spirituelles & les naturelles, & qui font venir celles-ci de celles-là ; ils comprennent l'influence de l'Ame dans le Corps, savent qu'elle est spirituelle, & que les choses naturelles qui sont du Corps servent à l'Ame comme de véhicules & de milieux, par lesquels elle produit ses effets dans le Monde naturel. Quiconque pense autrement, peut être comparé à l'écrevisse, qui marche à reculons, & tourne ses yeux en arrière comme ses pas. Sa vue intellectuelle ne

(*) Il faut bien distinguer, pour comprendre notre Auteur en cet endroit comme partout ailleurs, qu'il fait grande différence entre la Raison purement naturelle, ou celle qui dérive des sens, auxquels elle doit son origine, & celle d'une nature plus elevée, & qu'il appelle avec justice la Raison intérieure.

ne ressemble pas mal à la vue d'Argus, lorsque ses yeux de derrière veilloient, tandis que ceux de devant étoient endormis. De tels gens se croyent pourtant fort pénétrans; car, disent-ils, qui ne voit pas que l'Univers a pris naissance de la nature, & alors qu'est-ce que Dieu, sinon le centre de cette nature, & autres semblables rêveries dont ils se glorifient plus que les Sages des plus beaux raisonnemens.

VIII.

Par conséquent tout ce qui procède de ce Soleil, de soi-même est mort.

10. QUEL est l'homme qui, par la lumière de son Entendement, s'il est un peu élevé au dessus des sens matériels, ne voit point que l'Amour est de soi-même vivant, & que la présence de son feu est la vie, & qu'au contraire le feu élémentaire de soi-même & respectivement est mort; par conséquent, que le Soleil du Monde Spirituel, étant pur Amour, est vivant; & le Soleil du Monde Naturel, étant pur feu, est mort; & que de même, tout ce qui procède de ces deux Soleils, & existe par eux, est mort ou vivant, selon son origine. Il y a deux Causes dans l'Univers qui produisent tous les effets, la *Vie* & la *Nature*; elles les produisent selon l'ordre, lorsque la Vie excite la Nature. Il n'en est pas de même lorsque c'est la Nature qui excite la Vie; ce qui arrive chez ceux qui mettent la Nature, qui de soi est morte, au-dessus & au-dedans de la Vie, & qui d'après ces idées s'abandonnent entièrement aux voluptés des sens & à la concupiscence de la chair, & méprisent les choses spirituelles de l'Ame & les rationnelles de l'Esprit. Ces gens-là sont appellés *morts* à cause de ce renversement de l'ordre; tels sont tous les Naturalistes-Athées dans ce Monde, & tous les Satans dans l'Enfer. Ils sont aussi appellés *morts* dans l'Ecriture, comme dans David: *Ils se sont attachés à Baalpéor, & ont mangé les Sacrifices des Morts*, Ps. CVI: 28. *L'Ennemi poursuit mon Ame, il me fait asseoir dans les ténèbres comme les Morts de ce Monde*, Ps. CXLIII: 3. *Pour entendre les gémissemens de celui qui est lié, &*

 pour

pour ouvrir aux Enfans de la Mort, Pf. CII: 21. Et dans l'Apocalypfe : *Je connois tes œuvres ; tu as la réputation d'être vivant, mais tu es mort ; fois vigilant, affermis le refte qui eft près de mourir*, III, 1, 2. Ils font appellés morts, parce que la damnation eft la mort fpirituelle, & la damnation eft deftinée à ceux qui croient que la Vie vient de la Nature, & qu'ainfi la Lumière de la Nature eft la Lumière de la Vie, & qui par-là obfcurciffent, fuffoquent & éloignent toute idée de Dieu, du Ciel & de la Vie éternelle. Ils reffemblent aux Hibous, qui voyent la lumière dans les ténébres, & les ténébres dans la lumière; c'eft-à-dire, ils voyent le faux comme le vrai, le mal comme le bien; & comme pour eux le plaifir du mal eft la volupté de leur cœur, on peut les comparer à ces oifeaux de proie qui dévorent les cadavres comme des friandifes, & fentent les infections fépulcrales comme des parfums délicieux. Ces gens-là ne voyent d'autre Influence que l'Influence Phyfique ou Naturelle; fi cependant ils reconnoiffent une Influence Spirituelle, ce n'eft pas qu'ils en ayent quelque idée, mais ils parlent d'après un Maître.

I X.

Le Spirituel fe revêt du Naturel, comme l'homme d'un habit.

11. On fait que dans toute opération il y a un actif & un paffif, ou un agent & un patient, & que rien n'exifte par l'un ou l'autre feuls. Il en eft de même du Spirituel & du Naturel: le Spirituel, étant la force vive, eft l'agent; & le Naturel, étant la force morte, eft le patient ; de-là il fuit que tout ce qui dans le Monde Solaire a commencé & continue d'exifter, procède du Spirituel par le Naturel, & cela non-feulement dans les individus du Règne Animal, mais encore dans ceux du Règne Végétal. On fait auffi que dans toute opération il y a un principe & un inftrument, & que dans l'action ces deux chofes paroiffent comme une feule, quoiqu'elles foient deux bien diftinctes. De-là vient qu'on trouve parmi les

Axiômes

Axiômes de la Philoſophie, que la cauſe principale & la cauſe inſtrumentale ne ſont qu'une ſeule cauſe. Il en eſt de même pour le Spirituel & le Naturel, qui dans l'action paroiſſent n'être qu'un ſeul, parce que le Spirituel eſt dans le Naturel, comme la fibre eſt dans le muſcle, & le ſang dans les artères, ou comme la penſée eſt dans les paroles, & l'affection dans les ſons, & qu'il ſe fait ſentir par le Naturel, au moyen des paroles & des ſons. On voit clairement par-là que le Spirituel ſe revêt du Naturel, comme l'homme d'un habit. Le Corps organique dont l'Ame s'étoit revêtue, eſt ici comparé à un habit, parce que ce Corps couvre l'Ame, que l'Ame ſe dépouille & ſe débarraſſe de ce Corps comme d'une enveloppe inutile, lorſque par la mort elle paſſe du Monde Naturel dans ſon Monde Spirituel. Ce Corps vieillit auſſi comme un habit, mais non pas l'Ame, parce qu'elle eſt une Subſtance Spirituelle, qui n'a rien de commun avec les êtres muables de la Nature (*), qui naiſſent, croiſſent & périſſent dans un temps déterminé. Ceux qui ne conſidèrent pas le Corps comme le vêtement ou l'enveloppe de l'Ame, vêtement qui de ſoi eſt mort, & adapté ſeulement pour recevoir les forces vivantes qui influent de Dieu par l'Ame, ne peuvent que ſe tromper en concluant que l'Ame vit par ſoi, & le Corps de même, & qu'entre la vie de l'Ame & celle du Corps il y a une *Harmonie préétablie;* ou même que la vie de l'Ame influe dans la vie du Corps, ou la vie du Corps dans celle de l'Ame, & conçoivent ainſi *l'Influence Spirituelle* ou *Naturelle*, quoique tout ce que nous voyons nous prouve cette vérité, que l'effet n'agit point par ſoi, mais par la cauſe qui l'a produit, que celle-ci même n'agit pas de ſoi, mais par une autre cauſe ſupérieure,

(*) Quiconque a fait de légères réflexions ſur ſoi-même, & qui a déja vieilli quelque peu dans ce monde, a eu occaſion de voir que quoique ſon corps ait vieilli, & ſe ſoit uſé, ſon ame cependant n'en a pas fait de même, & que les ſeuls changemens dont elle ſoit ſuſceptible, ſont ceux de ſe perfectionner en Sciences & connoiſſances, (utiles ou inutiles, cela ne fait rien à la choſe) l'ame ne peut non plus ſe laſſer, quoiqu'en acquérant de mauvais gouts elle puiſſe ſe raſſaſier de l'acquiſition des bonnes connoiſſances, mais alors ce n'eſt que ſon amour qui change d'objets.

ſupérieure, & qu'ainſi rien n'agit que par une Premièr Cauſe qui agit par ſoi, & cette Cauſe Première, c'eſt Dieu. De plus, la Vie eſt unique; elle ne peut être créée, mais elle eſt très-propre à ſe répandre dans les formes organiquement adaptées pour la recevoir, & ces formes ſont tous & chacun des êtres de cet Univers créé. Pluſieurs s'imaginent que l'Ame eſt la vie, & qu'ainſi l'homme qui vit par l'Ame, vit par ſa propre vie, & ainſi par ſoi, & non par cette Influence de Vie, procédant de Dieu; mais ces gens-là ne font qu'embrouiller le Nœud Gordien; ils y confondent tous les jugemens de leur eſprit par leurs fauſſes idées; de-là leurs erreurs ſur les choſes ſpirituelles; ils s'engagent dans un labyrinthe d'où l'eſprit ne peut plus ſe tirer, pas même à l'aide du fil ſecourable de la Raiſon. En effet, ils s'enfoncent, pour ainſi dire, dans des cavernes ſouterraines, où ils vivent dans d'éternelles ténebres, d'où ſortent des erreurs ſans nombre, quelques-unes même monſtrueuſes; par exemple, que Dieu s'eſt infuſé & tranſmis dans les hommes, & que par conſéquent chaque homme eſt une Divinité qui vit par ſoi, & qu'ainſi il fait le bien & eſt ſage par ſoi; qu'il poſſède en ſoi la Foi & la Charité, qu'il les tire de ſoi & non de Dieu, & autres erreurs dangereuſes, telles que celles où ſont en Enfer tous ceux qui, lorſqu'ils étoient dans le monde, ont cru que la Nature vit, ou que par ſon mouvement elle produit la vie; ces malheureux, lorſqu'ils regardent le Ciel, voyent ſa lumière, comme de pures ténebres. J'entendis un jour une voix du Ciel qui diſoit que ſi dans l'homme il y avoit eu une étincelle de vie qui fût de lui, & non de Dieu, le Ciel n'exiſteroit pas, ni rien de ce qu'il y a dans le Ciel, & que par conſéquent il n'y auroit point eu d'Egliſe, & ainſi point de vie éternelle. Voyez pour de plus grands détails ſur cela, le N°. 132 juſqu'à 136, dans l'Ouvrage de *L'Amour Conjugal.*

X.

Le Spirituel, ainſi revêtu, fait que l'homme peut vivre ici-bas rationnellement & moralément, & par là Spirituellement.

12. Du principe ci-deſſus établi, que l'Ame ſe revêt du Corps, comme l'homme d'un habit, on peut tirer cette concluſion. Car l'Ame influe dans l'Eſprit, & par l'Eſprit dans le Corps, & porte avec ſoi la vie, qu'elle reçoit continuellement de Dieu, & la tranſmet ainſi médiatement au Corps, où, par l'union la plus étroite elle fait que le Corps paroît vivre; de-là, & de mille preuves tirées de l'expérience il eſt évident que le Spirituel uni au Matériel, comme la force vive à la force morte, fait que l'homme parle rationnellement, & agit moralement; il ſemble que c'eſt la langue & les levres qui parlent par une vie qui ſoit à elles, & les bras & les mains qui agiſſent de même; mais en effet c'eſt la penſée, qui en ſoi eſt Spirtuelle, qui parle, & la volonté qui eſt également Spirituelle, qui agit; & l'une & l'autre par le moyen de leurs organes qui en ſoi ſont matériels, parce qu'ils ſont pris du Monde Naturel; ce qui vous paroîtra auſſi clair que le jour, ſi vous faites attention à ceci: ſéparez par abſtraction la penſée de la parole, n'eſt-il pas vrai que la bouche ſera muette dans le moment! Séparez auſſi la volonté de l'action, les mains ne reſteront-elles pas auſſi-tôt ſans mouvement (*): L'union du Spirituel avec le Naturel, & par conſéquent la préſence de la vie dans le Matériel, peut être comparée au vin dans une éponge, au moût dans le raiſin, à la liqueur ſavoureuſe dans une poire, ou à l'odeur aromatique dans la canelle; les fibres de l'éponge, du raiſin, de la poire, de la canelle, ſont des matières qui de ſoi n'ont aucun goût, ni odeur; mais elles tirent l'un & l'autre des fluides qui ſont en elles ou autour d'elle; c'eſt pourquoi ſi vous en exprimez ces fluides, ce ne ſont plus que des fils morts. Il en eſt de même des organes

(*) Que l'organiſte au milieu d'un air, ſe diſe à lui même, je ne veux plus jouer, & ne le veuille plus en réalité, l'air ſe trouve auſſitôt interrompu & ceſſe incontinent.

nes du Corps, si la vie en est ôtée. Que l'homme soit raisonnable par l'union du Spirituel avec le Naturel, cela se prouve par l'analyse de sa pensée ; & qu'il soit moral, par l'honnêteté de ses actions & la politesse de ses manières. Voilà des choses que l'homme doit à la faculté qu'il a de recevoir l'Influence qui vient de Dieu par le Ciel Angélique, séjour de la Sagesse & de l'Amour, & par conséquent de la rationnalité & de la moralité. Par-là on voit que le Spirituel & le Naturel unis dans l'homme font qu'il vit ici-bas spirituellement. Ce qui arrive aussi après la mort, quoique d'une autre manière, parce que l'Ame de l'homme est alors revêtue d'un Corps Substantiel ; comme elle l'avoit été d'un Corps Matériel dans ce Monde Naturel. Plusieurs s'imaginent que les perceptions & les pensées de l'Esprit étant Spirituelles, influent toutes nues, & non par des formes organisées ; mais ils se trompent fort, parce qu'ils ne font point attention à l'intérieur de la tête, où les perceptions & les pensées sont dans leurs principes ; ils ne voyent pas que dans cette partie sont contenus le Cerveau & le Cervelet, composés des Substances cendrée & médullaire, & renfermant des glandes, des canaux, des cloisons ; le tout contenu & entouré par la Dure & la Pie-Mère ou les Meninges, & que l'homme pense & veut bien ou mal, selon l'état bon ou mauvais de tous ces organes ; & que par conséquent il est raisonnable, selon la conformation organique de son Esprit (*). Car la vue rationnelle de l'homme qui appartient à l'Entendement seroit nulle, sans les formes organisées pour la réception de la Lumière

(*) Il ne faudroit pas conclure que l'homme n'est pas libre, parce qu'il pense & veut bien ou mal, selon la conformation bien ou mal organisée du Cerveau ; ce seroit assurément aller contre l'intention de l'Auteur qui a si bien établi la Liberté de l'Homme. L'Homme peut vouloir le mal & faire le bien. Eh ! quelle est ici-bas sa tâche ? N'est-ce pas de réprimer ses penchants vicieux, & de diriger au bien sa Volonté ; ou, pour parler le Langage de notre Auteur, de soumettre sa Volonté à l'Entendement ? Je comparerois volontiers celle-là à un cheval fougueux qui se précipite par tout où on le pousse ; & l'Entendement, au guide qui le fait aller où il veut. Aussi quand ce guide est mauvais, que de fausses routes, que de chûtes il en résulte ! On peut citer pour exemple les fous, chez qui le dérangement organique du Cerveau produit un bouleversement total dans les opérations intellectuelles. (Note de *M. Peraut.*)

mière Spirituelle, comme sa vue naturelle sans les yeux, & ainsi du reste.

X I.

La réception de cette Influence est conforme à l'état de l'Amour & de la Sagesse dans l'homme.

13. NOUS avons démontré ci-dessus que l'homme n'est point la Vie, mais l'organe de la Vie de Dieu; que l'Amour uni avec la Sagesse est la Vie, & que Dieu est l'Amour & la Sagesse même, & par conséquent la Vie; de là il suit que plus l'homme aime la Sagesse, ou plus la Sagesse est dans le sein de l'Amour en lui, plus il est l'image de Dieu, c'est-à dire, le réceptacle de la Vie procédant de Dieu; & qu'au contraire plus il est dans l'Amour opposé, & par-là dans la folie, moins il reçoit la Vie de Dieu, & plus il reçoit la Vie de l'Enfer, laquelle Vie est appellée Mort. L'Amour & la Sagesse ne sont point la Vie, mais ils sont l'être de la Vie; & les douceurs de l'Amour & les charmes de la Sagesse, qui sont les affections, sont la Vie; car l'être de la Vie existe par ces affections. L'Influence de la Vie procédant de Dieu porte avec soi ces douceurs & ces charmes, comme l'Influence de la Lumière & de la Chaleur dans le Printemps les porte dans les cœurs des hommes, dans les Oiseaux & les Bêtes de toute espèce, & même dans les Végétaux qui germent alors & fructifient. Car les douceurs de l'Amour & les charmes de la Sagesse dilatent les cœurs & les disposent à la réception, comme la joie fait épanouir la face, & la dispose à l'influence des voluptés de l'Ame. L'homme que l'Amour de la Sagesse affecte, est comme le Jardin d'Eden, où sont deux Arbres, l'un de la Vie, & l'autre de la Science du bien & du mal; l'Arbre de Vie est la réception de l'Amour & de la Sagesse de Dieu, & l'Arbre de la Science du bien & du mal est la réception de l'Amour & de la Sagesse de soi-même; l'homme qui reçoit de soi-même l'Amour & la Sagesse, croit être Sage comme Dieu, mais il est réellement fou; celui-là est véritablement Sage, qui les reçoit de Dieu, & qui croit qu'il n'y a de Sage que Dieu seul, & que l'homme

l'homme est sage autant qu'il croit cette vérité, & d'autant plus qu'il sent la vouloir. Voyez pour un plus grand détail sur ce sujet, dans l'Ouvrage de l'*Amour Conjugal*, N°. 132 à 136. J'ajouterai ici un secret du Ciel, qui confirme ce que j'avance; savoir que tous les Anges du Ciel, tournent leur Sinciput vers le Seigneur comme Soleil, & que tous les Anges de l'Enfer tournent vers lui l'Occiput; que ceux-ci reçoivent l'Influence dans les affections de leur Volonté, qui en soi sont concupiscences, & y font accorder leur Entendement; mais que ceux-là reçoivent l'Influence dans les affections de leur Entendement, & y font accorder la Volonté, & par conséquent les uns sont dans la Sagesse, & les autres dans la folie; car l'Entendement humain réside dans le Cerveau, qui est sous le Sinciput, & la Volonté dans le Cervelet qui est dans la région de l'Occiput. Qui ne sait point que l'homme insensé par les erreurs qu'il adopte, lâche la bride à ses mauvais desirs, & les appuye par les raisons que lui fournit son Entendement; & que celui au contraire, qui est devenu Sage par les Vérités, voit quelles sont les passions de sa volonté & les réprime? L'Homme Sage agit ainsi, parce qu'il tourne sa face vers Dieu, c'est-à-dire croit en Dieu, & non en soi; mais l'insensé agit autrement, parce qu'il détourne sa face de Dieu, c'est-à-dire croit en soi, & non en Dieu; croire en soi, c'est croire qu'on aime & qu'on est Sage par soi, & non par Dieu; & c'est ce qui est désigné par *manger de l'Arbre de la Science du bien & du mal;* & croire en Dieu, c'est croire qu'on aime & qu'on est Sage par Dieu, & non par soi; & c'est-là *manger de l'Arbre de Vie*, Apoc. II; 7. On peut voir par-là, quoiqu'obscurément encore, que la réception de l'influence de la Vie procédant de Dieu est conforme à l'état de l'Amour & de la Sagesse en l'homme. Cette Influence au reste peut être rendue sensible par l'influence de la lumière & de la chaleur dans les Végétaux, qui fleurissent & fructifient, selon la contexture des fibres qui les composent, & ainsi suivant la réception de l'influence. On peut aussi l'éclaircir par l'influence des rayons de lumières dans les pierres précieuses, qu'ils modifient en couleurs selon la position des

parties

parties dont elles sont composées, & par conséquent selon la réception. On peut encore en prendre une idée claire par les Prismes & par les eaux de pluie, au moyen desquels on voit une infinité de couleurs selon les incidences, les réfractions, & par conséquent selon la réception de la lumière. Il en est de même pour les Esprits humains, quant à la Lumière Spirituelle, qui procède du Seigneur comme Soleil, & influe continuellement, mais est différemment reçue.

XII.

L'Entendement dans l'homme peut être élevé dans la Lumière; c'est-à-dire, dans la Sagesse où sont les Anges du Ciel, selon la culture de la raison, & sa Volonté peut être élevée dans la Chaleur, c'est-à-dire, dans l'Amour où sont les Anges, selon les actions de sa vie; mais l'Amour de la Volonté ne peut être élevé qu'autant que l'homme veut & fait ce que lui enseigne la Sagesse de l'Entendement.

14. Par l'esprit de l'homme on entend ses deux facultés appellées Entendement & Volonté: l'Entendement est le Réceptacle de la Lumière du Ciel, qui dans son Essence est Sagesse; & la Volonté est le Réceptacle de la Chaleur du Ciel, qui dans son Essence est Amour, comme on l'a vu ci-dessus: ces deux choses, Sagesse & Amour procèdent du Seigneur, comme Soleil, & influent dans le Ciel universellement & particulièrement; de là, la Sagesse & l'Amour dans les Anges; & de même dans ce monde matériel universellement & particulièrement; de-là, la Sagesse & l'Amour dans les hommes. Or, cette Sagesse & cet Amour procèdent de Dieu ensemble; ils influent également ensemble dans les ames des Anges & des hommes; mais ils ne sont pas reçus ensemble dans leur esprit: car, d'abord, la Lumière qui fait l'Entendement y est reçue, & ensuite l'Amour qui fait la Volonté, & cela est ainsi par une sage prévoyance, parce que tout homme doit être créé de nouveau; c'est-à-dire, réformé, ce qui se fait par l'Entendement. Car il puise

puiſe dès ſon enfance (*), les connoiſſances du vrai & du bon, qui lui enſeignent à bien vivre; c'eſt-à-dire, à vouloir & à faire le bien: ainſi la Volonté ſe forme par l'Entendement. C'eſt pour cette fin qu'a été donnée à l'homme la faculté d'élever ſon Entendement preſque à la Lumière, dans laquelle ſont les Anges du Ciel, afin qu'il voie ce qu'il doit vouloir & faire pour être content dans ce monde pour le temps, & heureux après ſa mort pour l'éternité: il eſt heureux & content s'il acquiert la Sageſſe & retient ſa Volonté ſous l'empire de la Sageſſe; mais infortuné & malheureux, s'il ſoumet ſon Entendement à ſa Volonté: la raiſon en eſt, que la Volonté dès la naiſſance eſt portée au mal & au crime; c'eſt pourquoi, s'il ne la réprimoit par l'Entendement (†), l'homme ſe précipiteroit dans les crimes les plus horribles, & même pouſſé par ſa nature féroce, il pilleroit, il maſſacreroit pour ſon plaiſir tous ceux qui ne ſeroient pas de ſon parti ou qui ne lui plairoient point. De plus, ſi l'Entendement ne pouvoit être perfectionné ſéparément, & la Volonté par l'Entendement, l'homme ne ſeroit point homme; mais une bête. Car ſans cette ſéparation, & ſans l'élévation

(*) *Jean Jacques Rouſſeau*, n'étoit pas de cet avis, parce que cet orgueilleux citoyen de Geneve mangeoit avec trop d'avidité de l'arbre de Science du bien & du mal, comme tous ſes ſéduiſants écrits le prouvent; Mr. *Hartley* a inſeré ici une Note qui le refute complétement, & nous croirons obliger nos lecteurs en la leur traduiſant & en la faiſant ſuivre à celle-ci, dans le deſſein ſurtout d'obvier au mal que le ſyſtême trop adopté de cet Auteur a déjà fait & pourra faire encore dans la ſuite.

(†) Tout en ce monde tendant à prouver la néceſſité où eſt l'homme d'avoir ſa volonté dirigée & ſurtout bridée & retenue par ſon Intelligence, quel âge plus propre à éclairer cette Intelligence qui doit diriger la volonté, que celui où cette même volonté a encore acquis le moins de force de reſiſtence contre ce que la raiſon de l'Intelligence pourra lui preſcrire ci-après? Attendrez-vous que l'homme ait contracté des habitudes inſurmontables, pour lui enſeigner la néceſſité de ſe vaincre lui-même? Votre Jardinier, plus ſage que vous, donne aux arbres de vos vergers la forme qu'il convient de leur donner, quand ils ſont encore tendres & ploïables, parce qu'il ſait que plus tard ils briſeroient plutôt que de prendre d'autre forme que celle qu'ils avoient contractée. ô Hommes inſenſés de notre ſiecle! encore que votre raiſon voye d'elle-même cette vérité, c'eſt cependant l'auteur qui la renverſe, que vous encenſez; & celui qui rectifie vos idées, & qui répare le mal que la plume ſerpentine de l'autre a fait, vous le traitez de cerveau exalté, de Viſionaire & d'enthouſiaſte. (Note de Mr. *Hartley*.)

lévation de l'Entendement au-dessus de la Volonté, il n'auroit pu penser, ni parler d'après ses pensées; mais seulement montrer par un son quelconque son affection; il n'auroit pas pu non plus agir par raison, mais par instinct; encore moins auroit-il pu connoître les choses qui concernent Dieu, & par elles Dieu lui-même, ni par conséquent être uni à lui & vivre éternellement. Car l'homme pense & veut en apparence par lui-même, & cette apparence est une réciprocité d'union; en effet, il n'y a point d'union sans réciproque, comme il n'y a point d'union de l'actif avec le passif sans réactif. Dieu seul agit, & l'homme reçoit l'action, & réagit en apparence par soi; mais dans le vrai, c'est par Dieu qu'il agit. De ce que nous venons de dire bien compris, on peut voir quel est l'Amour de la Volonté de l'homme, s'il est élevé par l'Entendement, & quel il est, s'il n'est point élevé, & par conséquent quel est l'état de l'homme. Mais quel est l'état de l homme, si l'Amour de la Volonté n'est point élevé par l'Entendement? C'est ce que nous allons éclaircir par des comparaisons. Il est comme un Aigle qui prend son essor dans les Airs; dès qu'il apperçoit au-dessous quelque proie capable de tenter son appétit, comme poules, oisons, agneaux, il s'y précipite dans l'instant, l'enleve & la dévore: il est comme un Adultere, qui cache une femme de mauvaise vie dans un lieu bas & secret de sa maison, & monte de temps en temps dans les autres appartements, où il parle sagement de la chasteté avec ceux qui s'y trouvent; mais un moment après, s'échappant du milieu de la compagnie, il descend dans ce lieu secret, & va assouvir sa passion avec cette femme perdue; il est encore semblable à un voleur qui se campe au haut d'une tour où il feint de faire la Garde; dès qu'il apperçoit en bas quelqu'objet de rapine, le voilà qui se hâte de descendre, & se met à piller: il peut aussi être comparé aux mouches des marais, qui volent en troupe sur la tête d'un cheval qui galope; mais, qui, lorsque le cheval s'arrête, s'éloignent, & vont se replonger dans leurs marais. Tel est l'homme, dont la Volonté ou l'Amour n'est point élevé par l'Entendement: en effet, il vit alors dans la fange, plongé dans les immondices de la nature

nature & les voluptés des sens. Il n'en est pas ainsi de celui qui par la Sagesse de l'Entendement dompte les amorces des passions de sa Volonté: chez-lui dans la suite l'Entendement fait une alliance conjugale avec la Volonté, & conséquemment la Sagesse avec l'Amour, & y cohabitent pour toujours avec toutes leurs délices.

XIII.

Il en est bien autrement dans les Bêtes.

15. Ceux qui jugent d'après la seule apparence des choses qui se présentent à leurs sens, concluent que les Bêtes ont la Volonté & l'Entendement comme les Hommes, & que par conséquent la seule différence qu'il y a, c'est que l'Homme peut parler, & énoncer ce qu'il pense & ce qu'il désire, & la Bête seulement exprimer tout cela par un son quelconque. La vérité est pourtant qu'il n'y a dans les Bêtes ni Volonté, ni Entendement; mais seulement quelque chose qui en tient lieu, & que les Savants désignent sons le nom d'*Analogue*. L'Homme est tel, parce que son Entendement peut être élevé au-dessus des desirs de la Volonté, & par-là les connoître, les voir & les modérer; mais la Bête est telle, parce que ses desirs la portent à faire tout ce qu'elle fait. Ainsi ce qui distingue l'Homme de la Bête, c'est que dans celui-ci la Volonté est sous la dépendance de l'Entendement, & dans la Bête au contraire, l'Entendement est sous l'empire de la Volonté. De là on peut tirer cette conséquence, que l'Entendement de l'Homme est vivant. & par conséquent un vrai Entendement, parce qu'il reçoit la Lumière qui influe du Ciel, la prend & la sent comme étant à soi, & par elle pense & produit les idées les plus variées comme de lui-même, & que sa Volonté est vivante, & par-là une véritable Volonté, parce qu'elle reçoit l'Amour qui influe du Ciel, & par le moyen duquel il agit comme de lui-même. C'est tout le contraire dans les Bêtes. Ainsi ceux qui pensent d'après les passions de leur Volonté, sont semblables aux Bêtes, & même dans le monde spirituel ils paroissent de loin comme des Bêtes: ils agissent aussi comme elles,

avec cette ſeule différence, qu'ils peuvent agir autrement, s'ils le veulent. Mais ceux qui répriment par l'Entendement les paſſions de leur Volonté, & par-là agiſſent raiſonnablement & ſagement, paroiſſent dans le Monde Spirituel comme des hommes, & ſont des Anges du Ciel. En un mot, la Volonté & l'Entendement dans les Bêtes ſont toujours unis; & parce que la Volonté en ſoi eſt aveugle, puiſqu'elle vient de la Chaleur, & non de la Lumière, elle rend auſſi l'Entendement aveugle; de-là vient que la Bête ne ſait point & ne comprend point ce qu'elle fait, & cependant elle agit; mais elle agit par l'Influence procédant du Monde ſpirituel, & cette action dans la Bête eſt ce que nous nommons Inſtinct. On s'imagine que la Bête penſe, & comprend ce qu'elle fait; mais cela n'eſt point: elle eſt ſeulement portée à agir par un amour naturel qui lui eſt implanté dès la Création, & par l'aiguillon de ſes ſens corporels. Si l'homme penſe & parle, c'eſt uniquement parce que ſon Entendement peut être ſéparé de ſa Volonté, & élevé juſques dans la Lumière du Ciel; car l'Entendement produit la penſée, & la penſée les paroles. Si les Bêtes agiſſent conformément aux Loix de l'ordre gravées dans leur nature, & quelques-unes même moralement & raiſonnablement en quelque manière, bien différentes en cela de certains hommes, c'eſt que leur Entendement eſt dans l'obéiſſance aveugle des deſirs de leur Volonté, & que par-là elles n'ont pu pervertir ces deſirs par de mauvais raiſonnemens, comme ont fait les hommes. Il faut obſerver que par la Volonté & l'Entendement des Bêtes, dans ce qui vient d'être dit, j'entends ce qui en tient lieu, *l'analogue*. Ce mot analogue vient d'un mot Grec qui déſigne l'apparence (*). La vie de la Bête peut être comparée à un noctambule qui marche & agit par ſa ſeule Volonté, tandis que ſon Entendement eſt aſſoupi; à un aveugle qui va dans les rues conduit par un chien;

(*) Analogue en Grec ἀναλόγος (analogos) vient d'ἀνὰ qui en compoſition marque ſimilitude, reſſemblance, & de λόγος, diſcours, parole, raiſon, opinion: analogue ſignifie donc reſſemblant, ſemblable en apparence.

chien ; à un imbécille qui par l'usage & l'habitude fait un ouvrage selon les regles ; enfin à un homme qui n'a point de mémoire, & par conséquent privé d'Entendement, qui cependant sait ou apprend à se vêtir, à manger, à aimer le sexe, à aller dans les places de maisons en maisons, & à faire tout ce qui flatte ses sens & ses désirs charnels, par les amorces desquels il se laisse conduire, quoiqu'il ne pense point, & par conséquent ne puisse parler. Par-là on voit combien se trompent ceux qui croyent que les Bêtes sont douées de la raison, & qu'elles différent des hommes seulement par la forme extérieure, & parce qu'elles ne peuvent énoncer leurs pensées. De ces faussetés plusieurs osent conclure que, si l'homme vit après sa mort, la Bête vivra aussi, & que d'un autre côté si la Bête ne vit point après sa mort, l'homme ne vivra pas non plus, & autres erreurs pareilles, nées de l'ignorance où ils sont sur la Volonté & l'Entendement, & sur les degrés par lesquels l'Esprit de l'homme s'élève par comme par une échelle jusqu'au Ciel.

X I V.

Il y a trois degrés dans le Monde Spirituel, & trois degrés dans le Monde Naturel, jusqu'à présent inconnus, selon lesquels se fait toute Influence.

16. En recherchant les causes par les effets, on trouve qu'il y a deux especes de degrés ; les uns renferment les Quantités Antérieures & Postérieures, (*Priora & Posteriora*) ; les autres les Quantités plus ou moins grandes, (*Majora & Minora*). Les degrés qui distinguent les Quantités Antérieures & Postérieures doivent être appellés *degrés de Hauteur* ou *Séparés*, & les degrés par lesquels les Quantités plus ou moins grandes sont distinguées l'une de l'autre, doivent être nommés *degrés de Largeur* ou *Continus*. Les degrés de hauteur ou séparés sont comme les Générations & les Compositions d'une chose par une autre ; par exemple, d'un Nerf par les Fibres, & d'une Fibre par les Fibrilles ; ou d'un Bois, d'une Pierre par les parties, & d'une partie par les particules. Les degrés de largeur ou continus sont comme les Accroissemens & Décroissemens d'un même degré de hauteur par rapport à la

la largeur, longueur & profondeur; par exemple, du volume plus ou moins grand de l'eau, de l'air ou de l'éther, ou comme celui des masses de bois, de pierre, de métal, &c. Toutes & chacune des choses qui sont dans les mondes Spirituel & Naturel, sont par leur création dans ces deux especes de degrés, tant le Règne Animal, dans notre Monde en général & en particulier, que le Règne Végétal & le Minéral, aussi bien que l'étendue Athmosphérique depuis le Soleil jusqu'à la Terre. C'est pourquoi il y a trois Athmosphères distinctes l'une de l'autre selon les degrés de hauteur, tant dans le Monde Spirituel que dans le Monde Naturel, parce qu'il y a un Soleil dans l'un comme dans l'autre de ces Mondes. Mais les Athmosphères du Monde Spirituel sont substantielles par leur origine, de même que les Athmosphères du Monde Naturel sont matérielles, & parce que ces Athmosphères descendent de leur origine suivant ces degrés, & qu'elles sont les réservoirs de la Lumière & de la Chaleur, & comme les véhicules pour les porter par tout, il suit qu'il y a trois degrés de Lumière & de Chaleur; & parce que la Lumière dans le Monde Spirituel dans son essence est Sagesse, & que la Chaleur dans son essence est Amour, ainsi que nous l'avons fait voir ci-dessus, il s'ensuit aussi qu'il y a trois degrés de Sagesse & trois degrés d'Amour, & par conséquent trois degrés de Vie. De-là vient aussi qu'il y a trois Cieux Angéliques; le Suprême, qui est aussi appellé le troisième, où sont les Anges du suprême degré; le Moyen, qui est aussi nommé le second, où sont les Anges de moyen degré; & le Dernier, aussi appellé le Premier, où sont les Anges du dernier degré. Les Cieux sont encore distingués selon les degrés de Sagesse & d'Amour; ceux qui sont dans le premier Ciel sont dans l'Amour de savoir les Vérités & les Biens; ceux qui sont dans le second, sont dans l'Amour de les comprendre; & ceux qui sont dans le troisième, sont dans l'Amour d'être Sages, c'est-à-dire, de vivre selon ce qu'ils savent & comprennent. De même que les Cieux Angéliques sont distingués en trois degrés, de même aussi l'Esprit de l'homme est distingué en trois degrés, parce qu'il est l'image du Ciel, c'est-à-dire, le Ciel en petit:

de-là vient que l'homme peut devenir Ange de l'un de ces trois Cieux, & cela se fait selon la réception de l'Amour & de la Sagesse procédant du Seigneur; Ange du premier Ciel, s'il reçoit seulement l'Amour de savoir les Vérités & les Biens; Ange du second Ciel, s'il reçoit l'Amour de les comprendre; & Ange du troisième Ciel, s'il reçoit l'Amour d'être Sage, c'est-à-dire, de vivre selon les *Vérités* & les Biens qu'il connoît. Que l'Esprit de l'homme soit distingué en trois degrés conformément aux Cieux, voyez-en la preuve dans l'Ouvrage de *l'Amour Conjugal*, N°. 270. Par ce qui vient d'être dit, il est évident que toute Influence Spirituelle descend du Seigneur dans l'homme par ces trois degrés, & qu'elle est reçue par l'homme selon le degré de Sagesse & d'Amour où il est. La connoissance de ces degrés est aujourd'hui d'une très-grande utilité, parce que plusieurs les ignorant, vivent & persistent dans le dernier degré, où sont les sens de leur Corps, & qu'à cause de cette ignorance, qu'on peut appeller les ténèbres de l'Entendement, ils ne peuvent être élévés dans la Lumière Spirituelle qui est au-dessus d'eux. De-là le Naturalisme où ils tombent dès qu'ils veulent examiner la Nature de l'Ame, de l'Esprit & de ses Facultés, & bien plus encore lorsqu'ils raisonnent sur le Ciel & sur la Vie future. On pourroit les comparer à ces méprisables Astrologues qui après avoir bien examiné le Ciel, ne vous donnent que de vaines prédictions; à ces grands causeurs, qui parlent & raisonnent sur tout ce qu'ils voyent & entendent, avec cette différence pourtant que ceux-ci mettent une ombre de jugement dans leurs décisions; à des Bouchers qui se croiroient de grands Anatomistes, pour avoir examiné superficiellement les entrailles des bœufs & des brébis. C'est pourtant une Vérité, que penser d'après les seules lueurs de la Lumière Naturelle non-éclairée par la Lumière Spirituelle, ce n'est autre chose que rêver; & que parler d'après ces pensées, c'est parler au hazard comme les Devins. Quant aux degrés dont il a été question dans cet Article, voyez l'Ouvrage du *Divin Amour & de la Divine Sagesse*, N°. 113 jusqu'à 281, où il en est plus amplement traité.

XV.

X V.

Les Fins sont dans le premier Degré; les Causes dans le second, & les Effets dans le troisième.

17. QUI ne voit point que la Fin n'est pas la Cause, mais la produit; que celle-ci n'est point l'Effet, mais le produit; & par conséquent que ce sont trois choses distinctes qui se succèdent par ordre? La Fin chez l'homme, c'est l'amour de sa Volonté; car ce que l'homme aime, il se le propose pour but. La Cause, c'est la raison de son Entendement; car c'est par cette raison que la Fin recherche les Causes moyennes ou efficientes; & l'Effet est l'opération du Corps par & selon la Fin & la Cause. Il y a donc trois choses dans l'homme qui se succèdent par ordre l'une à l'autre, comme les degrés de hauteur. Lorsque ces trois choses agissent, alors la Fin se trouve dans la Cause, & par la Cause dans l'Effet; c'est pourquoi elles co-existent toutes les trois dans l'effet. De-là vient qu'il est dit dans la Parole que chacun sera jugé selon ses œuvres; car la Fin ou l'amour de sa Volonté, & la Cause ou la raison de son Entendement co-existent dans les Effets, qui sont les œuvres de son Corps, & par conséquent l'Etat de l'homme entier s'y trouve aussi. Ceux qui ignorent cela, & distinguent ainsi les objets de la raison, ne peuvent que borner leurs idées aux Atomes d'Epicure, aux Monades de Leibnitz, ou aux Substances simples de Wolf, & par-là fermer, pour ainsi dire, au verrou, leur Entendement, de manière qu'ils ne peuvent plus, même à l'aide de la raison, penser sur l'Influence Spirituelle, parce qu'ils n'ont point d'idée d'une progression. En effet, ce dernier Auteur dit de sa Substance simple, qu'étant divisée, elle est réduite à rien. C'est ainsi que l'Entendement s'arrête à sa première lumière qui ne lui vient que des sens, & ne peut aller plus avant. De là vient qu'alors on s'imagine que le Spirituel n'est autre chose que le Naturel subtilisé, que la brute, ainsi que l'homme est douée de la raison, & que l'Ame est un souffle semblable à celui que l'homme exhale quand il meurt, & autres rêveries semblables, qui viennent plutôt des

nébres que de la lumière. Puisque toutes les choses, soit dans le Monde Spirituel, soit dans le Monde Naturel, vont conformément à ces degrés, comme il a été dit dans l'Article précédent, il est évident, que connoître ces degrés, savoir les distinguer l'un de l'autre, & les voir dans leur ordre, c'est proprement-là l'Intelligence. Par cette connoissance, il est même facile de connoître l'Etat de l'homme, lorsqu'on sait quel est son Amour; car, comme on l'a dit, la Fin, qui appartient à la Volonté, les Causes, qui sont du ressort de l'Entendement, & les Effets, qui sont au Corps, viennent tous de l'Amour, comme l'Arbre vient de la Semence, & le Fruit de l'Arbre. Il y a trois sortes d'Amours: l'Amour du Ciel, l'Amour du Monde & l'Amour de Soi. L'Amour du Ciel est Spirituel, l'Amour du Monde est Matériel, & l'Amour de Soi est Corporel. Quand l'Amour Spirituel domine, tout ce qui vient de lui, comme les formes de leur essence, est Spirituel; si l'Amour principal est celui du Monde ou des Richesses, & par-là Matériel, tout ce qui vient de lui, comme des productions de leur Principe, est matériel; de même, si l'Amour dominant est l'Amour de soi ou de la prééminence sur tous les autres, & ainsi Corporel, tout ce qui vient de lui est Corporel, parce que l'homme qui est dans cet Amour ne pense qu'à soi; & par là plonge dans le Corps toutes les pensées de son Esprit. Donc, comme il a été dit ci-dessus, quiconque connoît l'Amour dominant de quelqu'un, & les progressions des Fins aux Causes, & des Causes aux Effets, trois choses qui se succèdent par ordre selon les degrés de hauteur, peut se flatter de connoître l'homme à fond. C'est ainsi que les Anges du Ciel connoissent tous ceux avec lesquels ils parlent; ils distinguent leur Amour au son de leur voix, à leur visage ils voyent leur intérieur, & à leurs gestes leur état.

X V I.

Par-là on voit quelle est l'Influence Spirituelle depuis son origine jusqu'à ses effets.

18. Jusqu'à présent on a fait venir l'influence spirituelle de l'Ame dans le Corps, & non de Dieu dans l'Ame, & ainsi dans le Corps, & cela parce qu'on n'avoit encore rien su du Monde spirituel, & de son Soleil, duquel viennent comme de leur source toutes les choses spirituelles; ni par conséquent de l'Influence du spirituel dans le naturel. Maintenant comme il m'a été accordé d'être en même temps dans le Monde spirituel & dans le Monde naturel, & par-là de voir l'un & l'autre monde, l'un & l'autre Soleil, je me crois obligé de manifester ces choses : car que sert-il de savoir, si ce que l'on sait, un autre ne peut le savoir aussi? Qu'est-ce que savoir sans faire part aux autres de sa science, sinon amasser de grands trésors, les tenir renfermés, ou seulement les examiner de temps en temps & les compter sans aucune intention d'en faire usage? C'est-là véritablement l'Avarice spirituelle. Mais pour connoître parfaitement ce que c'est & quelle est l'Influence spirituelle, il faut savoir ce que c'est que le *spirituel* dans son essence, ce que c'est que le *naturel*, & enfin ce que c'est que *l'Ame humaine :* afin donc de mieux comprendre ce petit Traité, il conviendra de consulter quelques articles de l'Ouvrage de l'Amour conjugal, pour le *Spirituel*, n°. 326 à 329, pour *l'Ame humaine*, n°. 315. & pour *l'Influence du spirituel* dans le *naturel*, n°. 380 & plus au long, n°. 415 à 422.

19. Après que j'eus écrit ce qu'on vient de lire, je priai le Seigneur qu'il me fût permis de parler avec les Disciples *d'Aristote*, de *Descartes* & de *Leibnitz*, afin de connoître leurs opinions sur le Commerce de l'Ame & du Corps. Immédiatement après ma prière, je vis autour de moi neuf hommes, trois Aristotéliciens, trois Cartésiens & trois Leibnitziens. Les adorateurs d'Aristote étoient à gauche, les sectateurs de Descartes à droite, & derrière, les fauteurs de Leibnitz : au loin & à une certaine distance l'un de l'autre, je vis trois hommes qui paroissoient

roiſſoient comme les Coryphées, & je compris que c'étoient les Chefs ou les Maîtres eux-mêmes. Derrière Leibnitz, étoit quelqu'un tenant de la main le bas de ſa robe, & l'on me dit que c'étoit Wolf. Ces neuf Perſonnages ſe regardant mutuellement ſe ſaluèrent d'abord poliment, & ſe mirent à converſer. Mais dans l'inſtant il s'éleva des Enfers un Eſprit tenant dans la main droite une *petite* torche qu'il agitoit devant leur viſage; dès-lors ils devinrent ennemis, trois contre trois; ils ſe regardoient d'un air menaçant: la fureur de contredire & de diſputer les ſaiſit. Les Ariſtotéliciens, qui étoient auſſi Scholaſtiques, commencèrent la diſpute, diſant: Qui ne voit point que les objets influent par les ſens dans l'Ame, de la même manière qu'un homme entre par la porte dans la maiſon, & que l'Ame penſe d'après cette Influence? N'eſt-il pas vrai que lorſqu'un Amant voit ſa jeune Amante ou ſa Fiancée, ſon œil étincelle, & porte l'Amour dans ſon Ame? N'eſt-il pas vrai qu'un Avare, voyant des bourſes pleines d'argent, les dévore des yeux, & que cette ardeur paſſant de ſes ſens dans ſon Ame, y excite le deſir de les poſſéder? N'eſt-il pas vrai que l'orgueilleux s'entendant louer par quelqu'un écoute avec tranſport ces louanges, qui paſſent de ſon oreille dans ſon Ame? Les ſens ne ſont-ils pas comme les canaux par leſquels uniquement tout entre dans le Corps? Qui peut, après cela & mille autres exemples ſemblables, ne pas conclure que l'Influence eſt purement naturelle ou phyſique? A cela, les ſectateurs de Deſcartes répondirent de la ſorte: Hélas! vous parlez d'après les apparences. Ne ſavez-vous pas que ce n'eſt pas l'œil qui aime la jeune Amante, mais l'Ame? Que ce ne ſont pas les ſens du Corps qui deſirent l'argent, mais l'Ame? Qu'enfin c'eſt l'Ame & non les oreilles qui ſaiſit les louanges? N'eſt-ce pas la perception qui fait ſentir, & la perception n'appartient-elle pas à l'Ame & non au Corps? Dites-nous, ſi vous le pouvez, quelle autre choſe que la penſée fait parler la langue & les lèvres, & quelle autre choſe que la volonté fait agir les mains? Or la penſée & la Volonté appartiennent à l'Ame & non au Corps. Dites-nous donc quelle autre choſe que l'Ame fait voir l'œil, entendre

entendre les oreilles, sentir les autres organes? De-là & de mille autres choses semblables, tout homme qui s'élève un peu au-dessus des sens, conclura que l'Influence ne se fait point du Corps dans l'Ame; mais de l'Ame dans le Corps, Influence que nous appellons occasionnelle, ou spirituelle. Les trois fauteurs de Leibnitz, qui étoient derrière les autres, élevèrent alors leurs voix, & dirent: nous avons entendu les raisons des deux partis, nous les avons comparées, & nous voyons qu'en plusieurs points les unes prévalent sur les autres. C'est pourquoi, si vous le permettez, nous allons vous mettre d'accord. Interrogés comment, ils répondirent: il n'y a point d'Influence de l'Ame dans le Corps, ni du Corps dans l'Ame; mais seulement une opération unanime & instantanée de l'une & l'autre ensemble, opération que notre célèbre Maître a désignée par un nom bien significatif, en l'appellant, Harmonie préétablie. Alors le même Esprit parut de nouveau avec sa petite torche; mais dans la main gauche, & il l'agita derrière leur tête. Dans l'instant toutes leurs idées furent dans la plus grande confusion, & ils se mirent tous à crier: notre Ame ni notre Corps ne sait plus où nous en sommes. Terminons donc ces disputes par le sort, & rangeons-nous du côté du parti pour qui le premier sort tombera. Ils prirent trois petits morceaux de papier, sur l'un desquels ils écrivirent, *Influence physique:* sur l'autre *Influence spirituelle*, & sur le troisième, *Harmonie préétablie.* Ils les mirent tous les trois au fond d'un chapeau, & choisirent un d'entr'eux pour en tirer un. Celui-ci ayant mis la main dans le chapeau, en tira celui des billets, qui portoit *Influence spirituelle*: tous l'ayant vu & lu, dirent, les uns pourtant d'une voix claire & coulante, les autres d'une voix obscure & embarrassée: nous sommes pour ce parti, puisque le sort le veut ainsi. Mais tout-à-coup parut un Ange qui dit: ne croyez point que ce soit par hasard que ce billet de l'Influence spirituelle est sorti le premier; c'est par une permission expresse de Dieu. Car vous qui êtes dans un tourbillon d'idées confuses, vous ne voyez point la Vérité de cette Influence; mais la Vérité s'est offert elle-même à vos mains, afin que vous la suiviez.

❁ ❁ ❁ ❁ ❁ ❁

20. UN jour quelqu'un me demanda comment de Philosophe j'étois devenu Théologien? Je répondis: de la même manière que des Pêcheurs furent faits Disciples & Apôtres par le Seigneur, & j'ajoutai que dès ma plus tendre jeunesse j'avois aussi été Pêcheur spirituel. Il me dit encore: qu'est-ce que Pêcheur spirituel? Pêcheur dans le sens spirituel de la Parole, lui dis-je, signifie l'Homme qui recherche & enseigne les Vérités naturelles, & qui ensuite par le raisonnement s'élève jusqu'aux Vérités spirituelles. Interrogé comment je démontrerois cela, je dis: par ces passages de la Parole: ,, Alors les eaux de la Mer manqueront; le ,, Fleuve deviendra sec & aride, c'est pourquoi les *Pêcheurs* pleureront, & tous ceux qui jettent l'hameçon ,, dans la Mer seront dans la tristesse. Isaïe, XIX: 5. 8. ,, Les *Pêcheurs* d'Engedi étoient sur le fleuve dont les ,, eaux étoient saines; ils étendoient leurs filets où il y ,, avoit grand nombre de *Poisson* de toute espèce, comme ,, le *Poisson* de la grande Mer. Ezech. XLVII: 9. 10. ,, Voilà que je vais envoyer, dit Jehovah, plusieurs *Pêcheurs* qui *pêcheront les fils d'Israël.* Jerém. XVI: 16". Par-là on voit pourquoi le Seigneur avoit choisi des Pêcheurs pour ses Disciples, & pourquoi il leur dit: suivez-moi, & je vous ferai *Pêcheurs d'Hommes.* Mat. IV: 8. 19. Marc. I: 16. 17 & à Pierre, lorsqu'il eut pris une grande quantité de Poissons: *dès maintenant vous prendrez des Hommes.* Luc, V: 9. 10. Après cela, je démontrai l'origine de cette signification de Pêcheur, par des passages de l'Apocalypse révélée; savoir, parce que l'eau signifie les Vérités naturelles n°. 50. 932, de même que le Fleuve, n°. 409. 932. Le Poisson, ceux qui sont dans ces Vérités naturelles, n°. 450, & par conséquent les Pêcheurs, ceux qui recherchent & enseignent les Vérités. Après que j'eus ainsi parlé, celui qui m'avoit interrogé éleva la voix & dit: maintenant je puis comprendre pourquoi le Seigneur avoit appellé & choisi des Pêcheurs pour être ses Disciples, & ainsi je ne suis pas surpris qu'il vous ait aussi appellé, puisque, comme vous le dites, dès votre plus tendre jeunesse

jeunesse vous avez été Pêcheur dans le sens spirituel; c'est-à-dire, Scrutateur des Vérités naturelles; & maintenant vous l'êtes des Vérités spirituelles, parce que celles-ci sont fondées sur celles-là. Il ajouta, parce que c'étoit un Homme de bon sens, qu'il n'y a que le Seigneur qui connoisse ceux qui sont propres à comprendre & enseigner les choses qui sont de sa nouvelle Eglise, & s'il y en a quelqu'un de tel parmi les Grands, ou parmi leurs Serviteurs. De plus, dit-il, quel est le Théologien parmi les Chrétiens qui n'a point étudié la Philosophie dans les Universités avant de recevoir le bonnet de Docteur? Car autrement, où puiseroit-il les connoissances qui lui sont nécessaires? Enfin il dit: puisque vous êtes devenu Théologien, dites-nous quelle est votre Théologie? Je répondis: voici les deux points fondamentaux. *Qu'il n'y a qu'un seul Dieu, & qu'il faut unir la Charité à la Foi.* Eh! qui en doute, repliqua-t-il? & je repondis: la Théologie d'aujourd'hui, si on l'examine bien.

F I N.

Additions du Traducteur de Londres.

Notre Auteur finit ce petit Traité par une Assertion qui le fera rejetter sans examen de tous ceux qui ne croyent pas qu'il soit possible à ceux qui les enseignent d'errer; mais ceux qui voudront bien prendre la peine de considérer qu'ils ne sont tous que des hommes semblables à eux, & sujets aux mêmes foiblesses & imperfections que le dernier de leur troupeau; considérant en même tems qu'ils ont une ame qui leur appartient en propre, puisqu'elle est leur homme intérieur, cet homme qui ne sauroit mourir, & qu'il leur importe de ne pas rester dans l'incertitude sur tout ce qui peut tendre à rendre cet homme intérieur, cet EUX-MEMES (si l'on veut bien me passer cette expression prise substentivement) éternellement heureux, donneront à l'examen de ces deux propositions toute l'attention qu'elles méritent, & chercheront avec empressement dans les autres ouvrages Théologiques du même auteur la démonstration & confirmation de son Assertion.

Comme il pourroit y avoir bien des Lecteurs qui n'auroient aucune connoiſſance de toutes les particularités qu'à recueilli Mr. l'Abbé *Pernety* ſur l'auteur de ce Traité, & qui deſireroient avoir de lui quelque connoiſſance plus intime, nous avons cru devoir joindre ici les détails qu'il a lui-même laiſſé ſur ſon compte, en la lettre qu'il écrivit à notre ami Mr. *Hartley*, ſur la demande qu'il lui avoit fait de pareils détails touchant ſa Perſonne, ſes liaiſons de famille &c. La voici donc en ſon entier.

Lettre du Baron *Emanuel de Swedenborg*, à un ami.

L'Amitié que vous me témoignez en votre lettre me fait un plaiſir très ſenſible, & je vous en rends mes très ſinceres remercimens. Quant aux louanges que vous m'y prodiguez, je les regarde comme appartenant aux Vérités contenues en mes écrits, & les rapporte au Seigneur, à qui ſeul elles ſont dues, étant lui-même l'unique ſource de toutes Vérités. C'eſt la concluſion de votre lettre qui attire particulierement mon attention; vous vous y expliquez en ces termes: „ Comme il „ pourroit arriver qu'après votre départ d'Angleterre „ il s'élevât quelques diſputes ſur le compte de vos „ Ecrits, leſquelles donneroient lieu à défendre „ leur Auteur contre tous faux rapports & aſperſions „ mal-fondées, que ceux qui ne ſont point partiſans „ de la vérité pourroient inventer au détriment de „ ſon caractère & de ſa réputation; ne feroit-il pas utile „ pour repouſſer toutes calomnies de cette eſpèce, de „ laiſſer à votre départ quelque détail ſuccinct ſur „ votre compte? Comme par exemple, par quels „ degrés vous avez paſſé en l'Univerſité, quelles „ Charges vous avez rempli dans l'Etat, quelles ſont „ vos Liaiſons de famille, quels honneurs vous ont „ été accordés, & telles autres particularités de ce „ genre qui pourroient ſervir à la défenſe de votre „ Réputation, ſi jamais elle venoit à être attaquée, „ pour obvier de cette maniere & diſſiper toute eſpèce „ de préjugé mal-fondé. Car il eſt évident que

„ partout

„ partout & en toute occasion où l'honneur & l'intérêt „ de la vérité se trouvent compromis, il est de notre „ devoir d'employer toutes les voies légitimes pour les „ défendre, & les supporter". —— Après avoir fait quelques reflexions sur ce passage de votre Lettre, je me suis trouvé induit à acquiescer à votre avis amical, en vous donnant une courte communication des circonstances suivantes de ma vie.

Je suis né à Stockholm le 29 Janvier de l'an du Seigneur 1689; mon Père se nommoit *Jesper Swedberg*, étoit Evêque de West-Gothie, & jouissoit en son tems d'un caractère & d'une reputation célébre: il étoit même membre de la Société de la propagation de l'Evangile, établie en Suède à l'instar de celle de Londres, & fut nommé par Charles XII président des Eglises Suédoises en Pensilvanie & à Londres. Je commençai mes voyages en 1710. Je visitai d'abord l'Angleterre, ensuite la Hollande, puis la France & l'Allemagne. Je revins en ma patrie en 1714. En 1716 & après, j'eus de fréquentes conversations avec Charles XII Roi de Suéde, qui daigna m'accorder une grande part en ses faveurs, & cette année-là même me nomma à la Charge d'Assesseur au Collége métallique, Charge que j'ai continué de remplir depuis lors jusqu'en 1747, où je me désistai de l'emploi sans en perdre l'honoraire, qui me fut assigné par appointement à vie. Je ne quittai l'exercice de cette Charge, que pour vaquer avec plus de liberté à la nouvelle Fonction à laquelle le Seigneur m'avoit appellé. Environ vers ce même tems une dignité plus éminente dans l'état me fut offerte, mais je m'excusai de l'accepter, de peur qu'elle ne me devint un Piége. J'ai été annobli par la Reine ULRIQUE ELEONORE en 1719, & fus alors surnommé SWEDENBORG. Depuis lors j'ai pris séance dans les assemblées triennales de l'état parmi les Nobles de l'ordre Equestre. Je suis par invitation associé de l'Academie Royale de Stockholm, & n'ai jamais desiré d'être d'aucune autre Académie ou Communauté, d'autant que je suis MEMBRE DE LA SOCIETÉ DES ANGES, dans laquelle on n'a pour sujet de conversation & d'entretien, que des matieres spirituelles & célestes, tandis que dans nos Sociétés Littéraires de ce Monde l'attention

tion n'eſt uniquement captivée, que par des matières qui concernent le Corps, & ce Monde. En 1734 je publiai mon REGNE MINERAL à Leipſic en trois volumes in folio, & en 1738 je fis un voiage en Italie, où je ſéjournai un an, tant à Veniſe qu'à Rome.

Quant à mes liaiſons de famille, j'ai eu quatre ſœurs; une d'elles épouſa *Eric Benzélius* qui fut enſuite Archevêque d'Upſal; par là je devins allié aux deux Archevêques ſuivans du même Siége, qui étoient frères puis-nez du précédent, & tous deux portent le nom de *Benzélius*. Une autre de mes ſœurs épouſa *Lavs Benzelſtierna*, qui fut enſuite promoté à un Gouvernement Provincial: Elles ſont toutes deux mortes; néanmoins deux Evêques auxquels je ſuis allié, vivent encore, l'un ſe nomme *Filénius*, & eſt Evêque d'Oſtrogothie, il officie maintenant comme préſident de l'Ordre Eccléſiaſtique en l'Aſſemblée generale de Stocholm, en la place de l'Archevêque qui eſt infirme; il a épouſé la fille de ma ſœur. L'autre ſe nomme *Benzelſtierna*, eſt Evêque de Weſtmanie & de Dalecarlie; il eſt fils de ma ſeconde ſœur. Sans mentionner diverſes autres perſonnes de ma famille, qui toutes ſont dignifiées. Je converſe librement, & ſuis lié d'amitié avec tous les Evêques de mon Pays, qui ſont au nombre de dix, ainſi qu'avec nos ſeize Sénateurs, & le reſte de nos grands, qui m'aiment & m'honorent comme un Perſonnage qu'ils ſavent être en Société avec les Anges. Le Roi & la Reine mêmes, avec les Princes leurs fils, me moutrent toutes ſortes d'égards: j'ai même eu l'honneur d'être une fois invité à manger avec le Roi & la Reine, à leur propre table; (honneur qui ne s'accorde qu'aux Pairs du Royaume). J'ai auſſi eu depuis celui de manger avec le Prince héritier préſomptif de la Couronne. Tout le monde en ma Patrie aſpire après mon retour, tant s'en faut que je ſois dans le moindre danger d'y ſouffrir la moindre perſécution, comme vous ſemblez l'appréhender, & êtes ſi obligeamment empreſſé à le prévenir; mais ſi quelque choſe de cette nature m'arrivoit ailleurs, cela ne me cauſeroit pas le moindre ſouci.

Quelques honneurs mondains & quelques avantages qui puiſſent paroître devoir réſulter des choſes que je viens

viens de mentionner ci-dessus, j'en fais bien peu de cas, quand je viens à les comparer à l'honneur du saint emploi auquel Dieu m'a lui-même appellé ; lui ayant gracieusement plu de se manifester lui-même à moi, son serviteur indigne, en m'appraoissant personnellement en 1743, pour ouvrir en moi une vue du monde spirituel, & me rendre capable de converser avec les Esprits & les Anges: privilége qui m'a été continué jusqu'à ce jour. Dès lors je commençai à imprimer & publier divers Arcanes inconnus jusqu'ici, concernant le Ciel & l'Enfer, l'Etat des hommes après leur mort, le vrai culte de Dieu, le sens spirituel des Ecritures, & bien d'autres vérités importantes, tendantes au salut, & conduisant à la vraie Sagesse. L'unique motif qui m'a fait quitter mes foyers paternels pour aller visiter des terres étrangères, n'a été que pour que le Bénéfice de toutes les communications spirituelles s'étende & se fasse ressentir au Genre humain. Quant aux biens de ce monde, j'en ai suffisamment & n'en recherche, ni n'en souhaite davantage.

Votre lettre a tiré de moi le détail de toutes ces particularités, au cas qu'elles puissent, comme vous le dites, être des moyens propres à prévenir ou détruire tous faux jugemens ou préjugés mal fondés concernant mes circonstances personnelles, &c. Adieu, mon cher, je vous souhaite de tout mon cœur une ample prospérité tant au spirituel qu'au temporel, & n'ai pas le moindre doute que ce ne soit votre partage, pourvu que vous dirigiez ou adressiez toujours vos prieres à notre Seigneur, & que vous l'ayez toujours présent devant les yeux.

à Londres 1769. *Signé*

EMANUEL SWEDENBORG.

N. B. Le Baron de *Swedenborg* est mort à Londres en 1772 dans la 84 année de son age, ayant prévenu les personnes chez lesquelles il demeuroit, quelque jours avant son décès, de l'instant où il devoit changer cette ombre de vie pour une glorieuse immortalité.

Les

Les Lettres suivantes tendant à montrer la nature & la nécessité de la mission actuelle de *Swedenborg* & de ses œuvres Théologiques, nous croyons rendre service à ceux qui ont soif & faim de la vérité & de la justice; en les leur offrant ici à la fin de ce Traité.

Lettre du Baron EMANUEL DE SWEDENBORG, *à S. A. S. le Landgrave de Hesse Darmstadt.*

A la réception de votre obligeante Lettre, je demeurai dans l'incertitude, ne sachant si c'étoit votre grandeur, ô Duc Sérénissime, qui l'avoit signée ou un autre. Je communiquai le sujet de mon incertitude à Votre Ministre le Sieur Venator qui vint me voir, & qui m'apprit que la chose n'étoit pas comme je l'avois cru; & comme il a levé tous mes doutes à cet égard, je suis devenu coupable, ayant attendu d'y répondre, jusqu'a ce que j'aie reçu de la Presse le dernier ouvrage Théologique que je viens de publier, sous le titre de la Vraie Religion Chrétienne, qui *contient la* THEOLOGIE UNIVERSELLE *de la* NOUVELLE EGLISE *que le Seigneur nous a annoncée en Daniel, VII,* 13. 14. *& en l'Apocalypse XXI:* 1. 2. duquel, ô Prince Sérénissime, je vous expédie deux exemplaires par la Diligence qui part tous les jours de cette ville pour l'Allemagne. Je vous supplie de vouloir bien recevoir favorablement cet Ouvrage, car il ne renferme que DE PURES VERITES qui m'ont été découvertes du Ciel. Quant à mon Livre intitulé DES ARCANES CELESTES, il ne s'en trouve plus ni en Hollande ni en Angleterre; (en effet tous les Exemplaires sont vendus) mais comme je sais qu'il y en a quelques Exemplaires en Suéde, j'écrirai à ceux qui en ont & m'informerai s'ils veulent en disposer à quelque prix que ce soit. Je communiquerai leur réponse à votre Altesse dès que je l'aurai reçue. En votre gracieuse lettre vous me demandez, *Comment je suis parvenu à commercer avec les Anges & les Esprits, & si ce commerce peut être transferé d'une Personne à une autre?* Daignez donc recevoir favorablement cette

mienne

mienne réponse; „ Le Seigneur notre Sauveur avoit „ prédit, qu'il reviendroit une seconde fois au monde, „ & qu'il y établiroit une Nouvelle Eglise. Il a fait „ cette Prédiction au XX. Ch. de l'Apocalypse & aussi „ au Ch. XXII: ainsi qu'en divers autres endroits des „ Evangiles: Mais comme il ne sauroit revenir de „ nouveau en Personne au Monde, il a donc été né„ cessaire qu'il fit ceci par le moyen d'un homme, qui „ non-seulement fût capable de recevoir la Doctrine „ de cette Nouvelle Eglise en entendement, mais qui „ pût même la publier à l'aide de l'Imprimerie: Et „ comme le Seigneur m'avoit préparé pour cela dès „ mon Enfance, c'est pourquoi il s'est manifesté en „ Personne devant moi son Serviteur; ce qui m'arriva „ en l'année 1743; & après cela, il a ouvert la vue de „ mon esprit, & m'a ainsi introduit au monde des „ Esprits, & m'a accordé de voir les Cieux & bien „ des merveilles qui s'y trouvent, & aussi les Enfers, „ & de converser avec les Anges & les Esprits; avan„ tage qu'il m'a depuis continué sans interruption de„ puis 27 ans. Que la chose soit ainsi, c'est ce que „ j'atteste en toute vérité. Et s'il m'a été ainsi fait, „ c'est par rapport à cette Nouvelle Eglise, dont je „ viens de parler ci-dessus, & dont la Doctrine se „ trouve contenue en mes Ecrits. Le Don de con„ verser avec les Esprits & les Anges ne sauroit se „ transférer d'une Personne à une autre, à moins que „ le Seigneur lui même n'ouvre la vue de l'Esprit de „ cette autre personne. Il est bien quelquefois accordé „ que quelqu'Esprit entre chez un homme & lui annonce „ ou communique quelque vérité, cependant il n'est „ pas accordé à cet homme de converser bouche à „ bouche avec l'Esprit. C'est aussi là une chose bien „ dangereuse, d'autant plus que l'Esprit entre dans „ l'affection de l'amour-propre. Affection qui ne s'ac„ corde point avec celle de l'Amour Céleste". Quant à ce qui regarde l'homme qui est tourmenté des Esprits, j'ai ouï du Ciel que cela lui venoit de la méditation à laquelle il s'étoit fort complu; mais que cependant il n'y avoit aucun danger à apprehender, parce que le Seigneur le garde. Le seul & unique moyen de guerison est qu'il se convertisse & qu'il supplie le Seigneur notre

Sauveur

Sauveur Jésus Christ de l'assister. Je demeure avec respect,

ô Sérénissime Duc & Landgrave,

Votre très humble Serviteur,

EMANUEL SWEDENBORG.

à Amsterdam 1771.

N. B. Il se trouve actuellement à Londres dans l'Infirmerie de la Paroisse de Shorditch, un homme fort extraordinaire, qui me semble ainsi qu'à bien d'autres, avoir communication avec les esprits. Il se nomme *Best*, mais se qualifie lui-même de LITTLE HELP, ou petit secours. J'ai été le voir deux fois l'an passé; dès qu'il me vit la premiere fois, il me dit en me regardant dans la main droite, chose qu'il pratique avec tous ceux qui viennent le voir, que j'avois adopté la Doctrine de *Swedenborg* & que j'avois bien fait, & me dit par cœur grand nombre de Textes de l'Ecriture Sainte qui avoient un rapport réel avec ma situation actuelle; il a dit à bien d'autres personnes des choses plus étonnantes; il sait & cite sans livre tous les passages de l'Ecriture Sainte, sans se tromper de Chapitre ou de verset; au point même que si vous, ayant le livre en main, lui lisez un verset pour un autre, faute de l'avoir bien entendu, il vous dira, ce n'est pas le 17, mais le 19 verset que je vous ai dit. Cet homme est de la plus grande simplicité, s'occupe toute la journée à faire des Ouvrages en paille & en laine, qu'il brode grossierement, & déclare souvent des choses étonnantes sur le compte de *Swedenborg*; ce qu'il ne fait cependant qu'avec ceux qui ont connoissance de ses Ecrits Théologiques, & qui les adoptent. (*Note du Traducteur*).

Seconde

Seconde Lettre du Baron de SWEDENBORG, *à S. A. S. le Landgrave de Heſſe-Darmſtadt.*

J'ai reçu avec joie, ô Duc Séréniſſime, les lettres dont vous m'avez honoré, & les ai lues. J'eſpère que le Traité que je viens de publier, ſous le titre de LA VRAÏE RELIGION CHRETIENNE (*) vous ſera parvenu depuis. Vous pouvez engager, s'il vous plait, les ſavans Eccléſiaſtiques qui ſe trouvent en votre Duché, d'en porter leur jugement, mais je vous prie de choiſir les ſavans d'entre eux qui aiment réellement la vérité & qui s'y plaiſent préciſement parce que ce ſont des vérités. Si vous en choiſiſſiez d'autres, ils ne verroient point de lumiere en cet ouvrage, & n'y trouveroient même partout que ténébres & obſcurité. Ce qu'on rapporte de la Fille du Prince Margrave en Suéde eſt une fiction inventée par quelque bavard de Nouvelliſte, & je n'en avois même rien entendu auparavant. Mais quant à ce qu'on rapporte du frere de notre Reine de Suéde, c'eſt très véritable, & l'on ne doit le rapporter à aucun miracle; & ce n'eſt qu'un de ces Mémoriaux, qui rapportent la choſe telle qu'elle s'eſt paſſée, comme le reſte de ceux que j'ai recueilli en mon Ouvrage, touchant *Luther*, *Melancton*, *Calvin* & bien d'autres; mais toutes ces Relations ne ſont que des Témoignages qui prouvent que j'ai été introduit dans le Monde Spirituel quant à mon Eſprit, par le Seigneur, & que je converſe avec les Anges. Il eſt auſſi vrai que j'ai converſé avec une Dame nommée dans le Papier ſus-allegué, & il y a ſix mois avec feu Staniſlas Roi de Pologne; je lui ai parlé en une certaine congrégation où il étoit, & où perſonne ne ſavoit que c'étoit lui. Il faiſoit conſiſter tout le plaiſir de ſa vie à être ainſi incognito en des aſſemblées, & à converſer là

(*) Cet Ouvrage latin de *La Vraïe Religion Chrétienne* ſe vend à *Amſterdam* chez *Scep* Libraire. On en a auſſi publié à Londres une traduction en Anglais en 2 Vol. in 4°. 1781. chez J. Philips, *George Yard Lombardſtreet*, & l'on vient d'annoncer *à La Haye*, qu'on en publiera une traduction Hollandoiſe. *Note du Traducteur.*

là familierement avec les Esprits & les Anges, comme un d'eux. Je l'ai ensuite vû transferé en la région Septentrionale; & j'ai oüi dire ensuite qu'il y étoit promu au gouvernement d'une certaine Société par les Romains Catholiques, à la tête desquels il préside en chef; j'ai aussi beaucoup conversé avec le Pontife Romain dernier mort. Après son décès il est resté un jour entier avec moi, il me quitta ensuite & alla vers une congrégation formée de Jésuites à la tête de la quelle il présida pendant deux mois; je l'ai aussi vu s'élever ensuite d'avec eux, & pour lors il me fut accordé de converser diverses fois avec lui; mais il ne m'est pas permis de rien rapporter de sa maniere de vivre, ni de son état. Vous pouvez d'ailleurs voir, s'il vous plait, ce que j'ai écrit dans mon dernier ouvrage touchant le Pontife qui règnoit il y a 30 ou 40 ans. Traitez favorablement, je vous en prie, tout ce qui a du rapport à l'honneur de Dieu, & je demeure avec un très profond respect,

EMANUEL SWEDENBORG.

d'Amsterdam,
le 13 Juillet 1771.

LETTRE

à MENANDER actuellement Archevêque de Suede,

Lequel on croit avoir tacitement embrassé la Doctrine de Vérité qu'il a plu au Seigneur de nous rélever en ces derniers tems par SWEDENBORG.

REVERENDISSIME DOCTEUR ET EVEQUE!

Je vous fais passer les Lucubrations de ma jeunesse sur une méthode nouvelle de découvrir la Longitude tant par mer que par terre, par le moyen de la Lune, ouvrage qui vient d'être publié à Amsterdam & qui a été soumis à l'examen des Societés & Académies des Sciences, vous suppliant de le vouloir bien faire

faire paſſer entre les mains du Profesſeur d'Aſtronomie d'Abo (*); afin que s'il trouve cette méthode proportionnée à ſon génie, & digne de ſon application, il daigne la mettre en pratique. Dans les pays étrangers diverſes perſonnes s'occupent aujourd'hui de la ſupputation des Ephémerides ſuivant cette méthode, par des couples d'Etoiles, & on a déjà retiré un grand avantage de ceux qu'on a déjà fait depuis quelques années.

L'Apocalypſe eſt maintenant expliquée ou plutôt révélée, mais je n'ai point encore eu d'occaſion de l'envoyer à votre Révérence, & en même tems à la Bibliothèque; daignez, s'il vous plait, m'indiquer à qui je pourai la remettre ici pour vous la faire paſſer à Stockholm.

Diverſes Perſonnes s'occupent à examiner ſi c'eſt bien actuellement la conſommation du ſiècle & en même temps l'Avénement du Seigneur & de la Nouvelle Egliſe qu'il doit fonder. Il en eſt qui croyent que la Foi actuelle, qui eſt une foi en Dieu le Père par rapport au fils, eſt la Foi même qui ſauve l'homme, mais il eſt démontré en l'Apocalypſe révélée, que cette Foi à détruit l'Egliſe, qu'elle a aboli la Religion, & qu'ainſi elle a entierement ravagé & conſommé tout ce qui conſtitue le Culte Divin, à un tel point, qu'il ne reſte plus de vérité ni de bien, & que les œuvres qu'ils appellent Fruits de cette Foi, ne ſont que les œufs dont il eſt parlé en Eſaïe Ch. LIX: vs. 5. C'eſt pourquoi ceux qui ont confirmé en eux-mêmes cette foi avec ſa toile d'araignée, & croyent que les bonnes œuvres qu'ils font ſont les fruits de cette Foi, ſe trompent groſſierement, & ſont dans le délire, & ne peuvent être retirés de ce délire que par la retractation des Confirmations de cette Foi & par l'adoption de la Foi en Jéſus Chriſt, laquelle Foi ne contient rien de tel en ſoi. On en peut voir l'Explication en la Doctrine de la Nouvelle Jéruſalem touchant la foi, aux N. 34, 35, 36, 37.

Les Fauſſetés de la Foi du jour ſont les ſuivantes.
I. Que le Seigneur a ôté la Damnation de la Loi, tandis

(*) Capitale de la Finlande.

tandis qu'il n'en a pas même ôté un seul point; en effet chacun sera jugé selon ses œuvres, comme dit Paul aux Romains II: 13. & aux Corinthiens IIe. Epitre Chap. V: 10. & ailleurs. Mais le Seigneur a ôté la Damnation en général, en ce que sans son avénement en ce Monde, nul n'auroit pu être sauvé. II. Que le Seigneur ait rempli la loi, est bien une *vérité*, car par-là il a lui seul été fait justice, *mais* par cela il ne délivre point l'homme de la loi, car le Seigneur la remplit journellement & ceux qui fuyent les maux comme péchés, ou par la raison que ce sont des péchés, & ne s'adressent qu'à lui seul; car ceux qui fuyent quelques péchés qu'ils découvrent en eux, sont dans le dessein de les fuir tous dès qu'il les connoissent. III. Que le mérite du Seigneur soit imposé à l'homme: ceci est de toute impossibilité. Les mérites du Seigneur sont deux, le premier d'avoir subjugué les Enfers, & le second d'avoir glorifié son humanité, c'est-à-dire de l'avoir rendue Divine; ces deux mérites ne sauroient être imputés à aucun homme; mais par iceux le Seigneur s'est mis dans le pouvoir de sauver les hommes qui s'adressent à lui, & qui s'examinent, & fuyent comme péchés tous les maux qui sont en eux. IV. C'est une erreur de s'adresser à Dieu le Pere, le suppliant d'avoir pitié de nous par rapport à son fils, & d'envoyer son saint esprit. C'est précisément-là la voïe renversée du culte, d'ailleurs cette voïe imprime une idée claire & distincte de trois Dieux, & vous donne à croire que, autre est le Père, autre est le Fils, & autre enfin est le Saint Esprit, & si l'on vient à dire que par le Fils on entend son Humanité, alors on vient à avoir touchant le Seigneur une idée divisée, ou l'idée de deux êtres distincts. V. Que l'homme soit justifié par cette seule & unique Foi, pourvu qu'on l'ait avec assurance & confiance, cela est absolument faux, témoin ce que dit Paul aux Romains II: 10. & ailleurs. En une telle Foi il n'y a ni Vérité, ni Bien, ni par conséquent d'Eglise, ni de Religion; car c'est le *Vrai de la Doctrine qui fait l'Eglise, & le Bien de la vie qui fait ou constitue la Religion.* VI. Ils disent que les bonnes œuvres ou les Biens de la Charité sont les fruits de cette Foi, tandis cependant qu'aucun de la Société Ecclésiastique

siastique n'a encore trouvé le lieu ou la connexion de cette foi avec les bonnes œuvres: il y a mieux, c'est qu'ils enseignent positivement que les bonnes œuvres ne peuvent pas même conserver ou retenir cette Foi, & que ce ne sont que des actions morales & civiles, qui ne tendent aucunement au salut & n'y contribuent en rien. VII. Que le Dire de Paul aux Romains III, 32. sur lequel est fondée la Théologie de nos jours quand au salut, est faussement entendu, c'est ce que nous avons clairement démontré en l'Apocalypse révélée N°. 417.

Outre ces erreurs capitales, il en est encore une infinité d'autres que j'obmets de mentionner ici, par où il peut paroître clairement que si quelqu'un produit des fruits d'une telle foi, il produit réellement des œufs, comme parle Esaïe, LIX: 5. Car il est enseigné dans la Nouvelle Eglise que la foi ne peut jamais produire les Biens ou les bonnes œuvres de la Charité, comme un arbre produit ses fruits, mais que les Vérités qu'on nomme Vérités de la Foi, enseignent comment on doit penser de Dieu, & agir avec le Prochain, & que la Charité reçoit ces Vérités en les bonnes actions, comme le fruit reçoit ses sucs & leurs saveurs de l'arbre; & qu'ainsi le fruit ou les bonnes œuvres de la foi actuelle, dont nous venons de parler, n'a d'autres sucs, & de là d'autres saveurs, que ses confirmations qui sont des faussetés; ces faussetés sont contenues dans ces biens ou ces bonnes actions: chose que l'homme ignore, mais que les Anges sentent très bien. — J'ai l'honneur d'être &c.

Nous croyons ne pouvoir mieux terminer ce petit Recueil, qu'en exposant ici le Tableau de la Foi de la Nouvelle Eglise.

TABLEAU ou Idée Générale de la Foi vraiment Chrétienne.

La Foi vraiment Chrétienne en son idée universelle ou générale est la suivante; savoir: „ Que le Seigneur de toute éternité, qui est „ *Jehovah*, est venu au monde, pour subjuguer „ les Enfers, & pour glorifier son Humanité; & „ que sans lui nul mortel n'eût pu être sauvé; & „ que ceux-là sont sauvez, qui croyent en lui".

On dit en une idée universelle, parce que ceci est l'Universel de la Foi: or l'Universel de la Foi est ce qui doit se rencontrer en toutes & en chacune de ses Parties. C'est une Universalité de la Foi que Dieu est un en Personne & en essence, & qu'il y a une Trinité, & que le Seigneur Jésus Christ est ce Dieu. C'est une Universalité de la Foi que nul d'entre les mortels n'eut pu être sauvé, si le Seigneur n'étoit pas venu au monde. C'est une Universalité de la foi qu'il y est venu, pour écarter l'Enfer de l'homme, & qu'il l'a écarté par des Combats qu'il a livrés contre cet Enfer, & les victoires qu'il a remportées sur lui; ainsi il l'a subjugué, & l'a ramené à l'ordre, & réduit sous son obéissance. C'est encore une Universalité de la foi, qu'il est venu au monde pour glorifier l'Humanité, qu'il prit au monde, c'est-à-dire l'unir parfaitement à la Divinité de laquelle elle procédoit; & que c'est ainsi qu'il tient à toute éternité sous son obéissance l'Enfer par lui ramené à l'ordre; comme ces deux Points n'ont pu s'obtenir que par des Tentations portées jusqu'à leur dernier

nier degré, & que ce dernier degré de ces Tentations fut la Passion de la Croix, c'est pourquoi il la subit. Ce sont là les Universalités de la Foi Chrétienne touchant le Seigneur.

L'Universalité de la Foi Chrétienne de la part de l'homme est de croire au Seigneur, car par croire en lui se fait la conjonction avec lui, par laquelle s'obtient le salut : Croire en lui, c'est avoir confiance qu'il sauvera : & comme nul ne peut avoir cette confiance que celui qui vit bien, c'est donc pourquoi c'est aussi là ce qu'il faut entendre par croire en lui.

N. B. Ces trois articles sont ceux cités dans la Lettre à l'Evêque *Ménander;* Dieu veuille qu'ils soient goutés & adoptés de tous nos frères, les hommes répandus sur toute la surface de ce globe; car alors le Ciel & Astrée seront vraiment redescendus en terre, & l'Age d'or sera réellement rétabli parmi nous.

à Londres,
ce 17. Mars 1785.

Le Traducteur de Paris, du *Commerce de l'Ame & du Corps*, ayant augmenté son édition du suivant petit Traité de *Swedenborg*; nous croyons également devoir le donner ici, avec l'avis dont il est précédé :

AVERTISSEMENT.

Nous *joindrons ici, par forme de Supplément, ce que* Swedenborg *dit du Cheval Blanc de l'Apocalypse, dans un petit Ouvrage intitulé :* Du Cheval Blanc dont il est parlé dans l'Apocalypse; *où l'on verra encore mieux la manière dont l'Auteur explique le Sens Mystique de l'Ecriture, dont on a vu quelques exemples ci-dessus. Nous avons omis les citations & les renvois aux Arcanes Célestes, que le Lecteur n'auroit pu consulter, vu l'extrême rareté de cet Ouvrage, dont il existe à peine six Exemplaires en France* (*).

(*) Le Libraire *Hart*, dans *Crane Court Fleetstreet near Temple Bar* à Londres, possède encore quelques exemplaires des *Arcanes Célestes* en 8 Vol. in 4°. qu'il vend au prix exhorbitant de huit Guinées. *Note du Traducteur de Londres.*

DU CHEVAL BLANC

DONT IL EST PARLÉ

DANS L'APOCALYPSE.

1. DANS l'Apocalypse de S. Jean, la Parole (*), quant au Sens Spirituel ou interne, est ainsi décrite: *Je vis le Ciel ouvert, & il parut un Cheval Blanc, & celui qui étoit dessus s'appelloit le Fidele & le Véritable, qui juge & qui combat avec Justice. Ses yeux étoient une flamme de feu; & il avoit sur sa Tête plusieurs Diadêmes, & il portoit écrit un Nom que nul autre que lui ne connoît. Il étoit vêtu d'une robe teinte de sang, & il s'appelle le* VERBE DE DIEU. *Les Armées qui sont dans les Cieux le suivoient sur des chevaux blancs, vêtues d'un lin blanc & pur; & il porte écrit sur son vêtement & sur sa cuisse ce Nom: Le Roi des Rois, & le Seigneur des Seigneurs.* Chap. XIX: Vers. 11, 12, 13, 14, 16. On ne peut comprendre ce que signifient ces mots que par le sens interne; il est évident que tout est Représentatif & Significatif dans ce Passage; savoir, le Ciel ouvert, le Cheval Blanc, celui qui est monté dessus, & qui juge & combat avec Justice, ses Yeux qui sont une flamme de feu, les Diadêmes sur sa Tête, le nom que nul autre que lui ne connoît; la robe teinte de sang dont il est vêtu: les Armées qui sont dans les Cieux, qui le suivent sur des Chevaux blancs, vêtues de lin blanc & pur, & le Nom écrit sur son vêtement & sur sa cuisse; il est dit clairement qu'il est question du Verbe ou de la Parole, & que le Verbe est le Seigneur; car il est dit: *Il s'appelle le* VERBE DE DIEU, & ensuite, *Il porte ecrit sur son vêtement & sur sa Cuisse ce Nom*: LE ROI DES ROIS, ET LE SEIGNEUR DES SEIGNEURS. Par l'explication de chaque

(*) La Parole ou le Verbe (*Verbum*), c'est l'Ecriture Sainte; la Parole de Dieu, la Parole par excellence.

chaque mot il est clair que la Parole est ici décrite quant au Sens Spirituel ou Interne. Le *Ciel ouvert* représente & signifie que le Sens Interne de la Parole est vu dans le Ciel, & conséquemment par ceux dans le Monde à qui le Ciel est ouvert; le *Cheval Blanc* représente & signifie l'Intelligence de la Parole quant à son Sens Interne. Que le Cheval Blanc ait cette signification, c'est ce qu'on verra ci-après. Celui qui est *assis dessus* signifie le Seigneur quant à la Parole, & par conséquent la Parole, ou le Verbe; ce qui est évident, puisqu'il est dit: *Il est appellé le Verbe de Dieu*; il est nommé Fidele & jugeant avec Justice, à cause du Bien; & Véritable & combattant avec Justice, à cause du Vrai; car le Seigneur est la Justice même; ses Yeux sont *une flamme de feu*, signifie le Divin Vrai qui vient du Divin Bien de son Divin Amour; les *diadêmes* qu'il avoit sur la Tête, signifient tous les Biens & toutes les Vérités de la Foi; le *Nom* que nul autre que lui ne connoît, signifie que nul autre que le Seigneur, & celui à qui il le revéle, ne connoît le Sens Intérieur de la Parole; la *robe teinte de Sang*, signifie la Parole dans le Sens Littéral à laquelle on a fait violence; les *armées* qui sont dans les Cieux qui le suivent sur des Chevaux blancs, signifient ceux qui sont dans l'Intelligence de la Parole quant au Sens Intérieur; vêtus de lin blanc & pur, signifie les mêmes, qui sont dans le Vrai par le Bien; le nom écrit sur le vêtement & sur la cuisse, signifie le Vrai & le Bien & leur Manière d'être. Par ce que nous venons de dire & par ce que nous dirons encore, il est évident que dans ce Passage de l'Apocalypse, il est prédit que vers le dernier temps de l'Eglise le Sens Spirituel ou Interne de la Parole sera révélé: ce qui doit arriver alors est aussi décrit dans les Versets 17, 18, 19, 20 & 21. Il n'est pas nécessaire d'expliquer ici plus en détail que telle est la signification de ces Paroles, parce que nous l'avons fait dans les *Arcanes Célestes*.

2. Dans les Livres Prophétiques de la Parole il est souvent fait mention du Cheval; mais jusqu'à présent on n'a pas su que le Cheval signifie l'Entendement, & le Cavalier l'Intelligent; & cela peut-être parce qu'il paroît

paroît étrange & surprenant que telle soit la signification du mot Cheval dans le Sens Spirituel & dans la Parole; mais on peut se convaincre que cela est ainsi par plusieurs Passages, dont je me contenterai de citer quelques-uns. Dans la prophétie d'Israël sur Daniel, on lit: *Dan deviendra un Serpent dans le chemin, un Céraste dans le sentier, mordant le pied du Cheval, & le Cavalier tombera à la renverse.* Genèse XLIX: 17, 18. On ne peut comprendre ce que signifie cette prophétie sur une Tribu d'Israël, si l'on ne sait ce que signifie le Serpent, le Cheval & le Cavalier. Personne n'ignore qu'il y a là un Sens Spirituel; ainsi on peut voir ce que signifie chacun de ces mots dans les *Arcanes Célestes*, où nous avons expliqué cette Prophétie. Dans Habacuc: ,, *Dieu, vous montez sur vos Chevaux, vos Chars* ,, *sont le salut, vous avez fait marcher vos Chevaux* ,, *dans la Mer*". III: 8. 15. Que les Chevaux ici signifient le spirituel, cela est évident, parce que c'est de Dieu qu'il est question dans ce passage; que voudroient dire autrement ces paroles, que Dieu monte sur ses Chevaux, & qu'il fait marcher ses Chevaux dans la Mer? Dans Zacharie: ,, *En ce jour-là, tous* ,, *les ornements des Chevaux seront consacrés au Seigneur*". XIV: 20. ,, *En ce jour-là, dit le Seigneur,* ,, *je frapperai d'étourdissement tous les Chevaux, & de* ,, *phrénésie les Cavaliers; j'aurai mes yeux ouverts sur* ,, *la maison de Juda, & je frapperai d'aveuglement les* ,, *Chevaux de tous les peuples*". XII: 4. 5. Il est question dans ces passages de la dévastation de l'Eglise, qui a lieu lorsqu'il n'y a plus l'Intelligence d'aucune Vérité: c'est ce qui est désigné par le Cheval & le Cavalier; autrement que signifieroit frapper d'étourdissement tous les Chevaux, & d'aveuglement les Chevaux des peuples? Qu'est-ce que les Chevaux ont de commun avec l'Eglise? Dans Job: ,, *Dieu* ,, *lui a fait oublier la Sagesse, & ne lui a point* ,, *accordé l'Intelligence, à la première occasion elle* ,, *s'élève en haut: elle se moque du Cheval & du* ,, *Cavalier*". XXX: 17. 18. Ici l'Entendement est désigné par le Cheval, ce qui est évident; ainsi que dans David, lorsqu'il dit: *aller à Cheval sur la parole de la Vérité:* Pseaume XLV: 5. & dans plusieurs autres

lieux.

lieux. De plus, qui pourra ſavoir d'où vient qu'Elie & Eliſée ont été nommés Chars & Cavaliers d'Iſraël; & pourquoi le ſerviteur d'Eliſée vit une montagne pleine de Chevaux & de Chars ignés, à moins de ſavoir ce que ſignifient les Chars & les Cavaliers, & ce qu'ont repreſenté Elie & Eliſée? Eliſée dit à Elie: „ *Mon Père, mon Père, les Chars d'Iſraël, & ſes Cavaliers*". Rois, L: IV. C. II: 12, & le Roi Joas à Eliſée: „ *Mon Père, mon Père, les Chevaux d'Iſraël* „ *& ſes Cavaliers*". Rois. L: IV. C. XIII: 14. & du ſerviteur d'Eliſée: „ *Dieu ouvrit les yeux du ſerviteur* „ *d'Eliſée, & il vit auſſi-tôt une montagne pleine de* „ *Chevaux & de Chars ignés qui étoient autour d'Eliſée*". Rois. L: IV. C. VI: 17. Elie & Eliſée ont été nommés Chars d'Iſraël & ſes Cavaliers, parce que l'un & l'autre ont repréſenté le Seigneur quant à la Parole, & par le Char eſt déſigné la Doctrine puiſée dans la Parole, & par les Cavaliers l'Intelligence.

3. La raiſon pourquoi le Cheval ſignifie l'Entendement, ſe tire des Choſes repréſentatives qui ſont dans le Monde ſpirituel: il y paroît ſouvent des Chevaux & des Cavaliers, ainſi que des Chars; & tous ſavent-là qu'ils ſignifient les choſes Intellectuelles & celles qui concernent la Doctrine. J'y ai vu très-ſouvent ceux dont l'Entendement étoit occupé à des Méditations, paroître comme des Cavaliers; c'eſt ainſi que ſe repréſentoit leur Méditation aux yeux des autres, à leur inſçu. Il y a même un Lieu dans le Monde ſpirituel, où s'aſſemblent en grand nombre ceux qui méditent & parlent des Vérités de Doctrine; & lorſque d'autres y viennent, ils voyent tout cet eſpace plein de Chars & de Chevaux, & les nouveaux venus, qui ſont ſurpris de cela, apprennent alors que cette Apparence vient de la Méditation de l'Entendement. Ce Lieu s'appelle le Conſeil des Intelligents & des Sages. J'y ai vu auſſi des Chevaux brillants, & des Chars ignés, lorſque quelques-uns ont été enlevés dans le Ciel, ce qui étoit l'indice qu'ils avoient été inſtruits dans les Vérités de la Doctrine céleſte, qu'ils étoient devenus Intelligents, & ainſi dignes d'être enlevés dans le Ciel. D'après cela, on peut comprendre ce que ſignifie le Char

Char igné & les Chevaux ignés fur lefquels Elie fut enlevé dans le Ciel, & les Chevaux & les Chars ignés que vit le ferviteur d'Elifée, lorfque fes yeux furent ouverts.

4. Dans les Eglifes anciennes on connoiffoit très-bien ce que fignifioient les Chars & les Cavaliers, parce que ces Eglifes étoient des Eglifes repréfentatives, & ceux qui en étoient, cultivoient particulièrement la Science des Correfpondances & des repréfentations. La fignification de Cheval, comme Entendement, paffa de ces Eglifes chez les Sages des environs, & même dans la Grèce: d'où vient que les Grecs en décrivant le Soleil qu'ils repréfentoient comme le Dieu de la Sageffe & de l'Intelligence, lui attribuerent un Char & quatre Chevaux ignés. En décrivant le Dieu de la Mer, comme la Mer fignifie les Sciences qui viennent de l'Entendement, ils lui donnerent auffi des Chevaux. Pour décrire la naiffance des Sciences de l'Entendement, ils feignirent un Cheval aîlé, qui d'un coup de pied fait fourdre une Fontaine, auprès de laquelle habitoient neuf Vierges ou Mufes, qui font les Sciences: car ils avoient appris des anciennes Eglifes, que par le Cheval eft défigné l'Entendement; par les Aîles, le Vrai, par le Pied, ce qu'enfeigne l'Entendement, & par la Fontaine, la Doctrine d'où découlent les Sciences. Par le Cheval de Troye, ils n'ont voulu repréfenter autre chofe que l'Artifice de détruire des Murs que leur fuggéra l'Entendement. Aujourd'hui même, lorfqu'on veut décrire l'Entendement felon la manière de ces Anciens, on le repréfente par le Cheval volant ou Pégafe, la Doctrine par la Fontaine, & les Sciences par les Mufes; mais à peine y a-t-il quelqu'un qui fache que le Cheval fignifie l'Entendement dans le fens myftique, & moins encore que ces fignifications ayent paffé des anciennes Eglifes Repréfentatives aux Gentils.

FIN.

PROSPECTUS

POUR IMPRIMER PAR SOUSCRIPTION

LES OEUVRES POSTHUMES

DE L'HONORABLE ET SAVANT

EMANUEL DE SWEDENBORG.

A tous ceux qui ont ajouté foi aux Rapports des Prophêtes de JEHOVAH: à tous ceux à qui le Bras du Seigneur a été révèlé par le Miniſtere & le Moyen de ſon fidèle Serviteur *Emanuel Swedenborg* en cette préſente Diſpenſation de ſa Nouvelle Jéruſalem: à tous ceux enfin qui par là ſont devenus réellement *altérés de la Juſtice & de la Vérité*, eſt maintenant propoſée par Souſcription volontaire & indéterminée,

UNE EDITION COMPLETTE EN LATIN,

DES OEUVRES POSTHUMES

de cet Auteur inſpiré.

I.

Vous tous que le Fils a rendu Libres, & qui par conſéquent l'êtes en réalité; hommes & freres, qui avez déjà gouté les douceurs de la JUSTICE, & qui ſentez vos cœurs embraſés du noble deſir d'être de plus en plus éclairés par la VERITÉ, non par le principe mépriſable & inactif d'une vaine Curioſité, mais par un ſincère amour actif de l'un & de l'autre, c'eſt-à-dire, & de la Juſtice & de la Vérité; Vous dont l'eſprit a promptement saisi, & le cœur embrassé avec chaleur la Charité, une tendre Philantropie universelle, la Sagesse & le Discernement en matieres Spirituelles, & qui comme une terre féconde en portez journellement les fruits, par l'immensurable & inépuisable Miséricorde de notre Seigneur Jésus-Christ, seul Dieu du Ciel & de la Terre; Vous tous enfin qui avez dès cette vie gouté les douceurs du Repos du Sabbat en vos intérieurs, ou l'inexprimable joye céleste, & la vie qui en dérive; Nous Vous invitons tous, par tout ce qu'il peut y avoir de plus cher pour Vous en ce monde & en l'autre, c'est-à-dire par L'AMOUR DES USAGES, que le Seigneur a implanté & choyé dans vos cœurs, à contribuer par vos généreuses Souscriptions à la circulation libre d'un nouveau Supplément de ces importantes vérités salutaires, auxquelles nous devons notre vie Spirituelle, parmi nos frères, les fils déchus d'Adam; de ces vérités, dis-je, que nous savons être encore tout particulierement développées dans les Oeuvres Posthumes de l'honorable & très assurément inspiré Emanuel de Swedenborg.

II.

A Vous tous qui avez déjà une pleine & entiere connoissance des autres œuvres imprimées de notre cher Auteur, il seroit inutile de détailler ici, & d'exalter le vrai mérite & l'inappréciable valeur de ses Ecrits Posthumes : il suffira de Vous en présenter les Titres pour allumer en Vous le desir de communiquer au Monde les précieux Fragments d'une plume, à si bon droit si chere à tout honnête & sincere amateur de la VERITÉ.

III.

A cet effet nous invitons donc quiconque peut avoir le dessein de nous assister en l'entreprise que nous formons de mettre au jour les Oeuvres Posthumes de l'honorable *Emanuel de Swedenborg*, de nous communiquer leur intention par un mot d'écrit, ou de nous faire parvenir leur contribution pour ce sujet, à Londres à l'adresse de *B. Chastanier*, N. 62. *in Tottenham Court Road*,

Road, ou à Paris, chez Mr. *Barrois* l'aîné, Libraire Quai des Auguſtins, près le Pont St. Michel; ou à Stockholm, chez Mr. *Fuhrberg*, Libraire du Roi; ou à La Haye chez Mr. *P. F. Gosſe*, Libraire & Imprimeur de la Cour.

I V.

Nous avons lieu de croire que cette Edition montera environ à vingt Volumes in 4to. de trois ou 400 pages, leſquels nous avons deſſein de livrer aux Souſcripteurs à raiſon de cinq Shillings, ou ſix Francs de France par Volume, en feuilles.

V.

Vous aurez la bonté d'obſerver que, ſi les Souſcriptions rentrent aſſez tôt, aux adreſſes ſpécifiées N. 3. pour nous mettre en état d'employer plus d'une preſſe à la fois, nous ferons enſorte de livrer ces 20 Volumes dans le cours de deux ans, ou même plus rapidement, s'il eſt poſſible. Voici donc le Catalogue des Oeuvres Poſthumes de Swedenborg. Mais comme nous ne nous propoſons aucun gain dans cette publication, ſi quelque Libraire, de quelque partie de l'Europe que ce puiſſe être, veut prendre ſur lui de donner cette Edition au Public, nous nous engageons à lui communiquer les Manuſcripts, à ſur & à meſure qu'il les pourra imprimer, aux ſeules & uniques conditions qu'il nous fera paſſer 24 Exemplaires de chaque Ouvrage, francs de port, à notre addreſſe —— BENEDICT CHASTANIER, N°. 62. *Tottenham Court Road*, London.

V I.

CATALOGUE.

1	*Index generale Rerum & Nominum in verbo Domini contentorum.*	1	Table générale des Articles & des Noms contenus dans la *Parole du Seigneur*.
2	*Index Rerum in Arcanis cœleſtibus contentarum.*	2	Table des Articles contenus dans les *Arcanes* (*ou Secrets*) *Céleſtes*.

3 *Index Rerum in numerosa Collectione Memorabilium, quæ nunquam in publica luce venit.*	3 Table des Articles contenus dans un *Recueil* nombreux d'objets mémorables, qui n'a point encore paru au jour.
4 *Index Rerum in Apocalypsi Revelata.*	4 Table des Articles contenus dans *l'Apocalyp- Révélée.*
5 *Index in particulari Tractatu de Conjugiis, ab autore nunquam edito.*	5 Table d'un Traité particulier touchant le *Mariage*, lequel n'a point été publié par l'Auteur.
*6 *Index in Sensu Interno partis Prophetici Verbi.*	6 Table sur le Sens interne d'une partie de la Parole *Prophétique.*
7 *Index particularis Sententiarum e Scriptura Sacra in altero Tractatu de Apocalypsi explicata, infra indicato, contentarum.*	7 Table particuliere de *Maximes tirées de l'Ecriture Sainte*, contenues dans un autre Traité de l'*Apocalypse expliquée*, indiqué plus bas.
8 *Index in Libro Concordia pia nuncupato.*	8 Table, ou détails sur le Livre intitulé *Concorde Pieuse.*
9 *Collectio supra (N. 3.) indicata Memorabilium, ab Anno* 1746, *ad annum* 1764. *exscripta.*	9 Recueil de Choses Mémorables (indiqué au N. 3.) depuis l'année 1746 jusqu'à 1764.
10 *Explicatio Librorum Historicorum Verbi Domini nec non & Prophetarum Isaiæ & Irmiæ.*	10 Explication des Livres historiques de la Parole du Seigneur, ainsi que des Prophêtes *Isaïe* & *Jérémie.*
*11 *Brevis Expositio Sensus Spiritualis Prophetarum & Libri Psalmorum Davidis, ad quam pertinet Index N. 6.*	11 Courte Exposition du Sens Spirituel des Prophêtes & du Livre des Pseaumes de *David* (à quoi appartient le N. 6).
12 *Apocalypsis Explicata, multo fusius quam in impresso Libro Apoca-*	12 L'Apocalypse Expliquée beaucoup plus au long que dans le Traité

	lypsis Revelatæ reperitur.		de l'*Apocalypse Révélée.*
13	*Varia nunquam impressa de Ultimo Judicio & de Mundo Spirituali.*	13	Pensées diverses sur le *Jugement dernier* & sur le *Monde Spirituel*, qui n'ont jamais été imprimées.
14	*Tractatus de Charitate.*	14	Traité de la *Charité.*
15	*Canones præcipui Novæ Ecclesiæ.*	15	Principaux *Canons* de la Nouvelle Eglise.
16	*Varia observata de Domino, de Symbolo Athanasiano, de Verbo, de Divino Amore & de Divina Sapientia, nec non & de Conjugio.*	16	Observations diverses sur le Seigneur, sur le Symbole d'*Athanase*, sur le Verbe, sur le divin Amour, la divine Sagesse, & sur le Mariage.
17	*Supplementum in Coronide ad Veram Christianam Religionem.*	17	Supplement au Traité de la *Perfection de la Vraie Religion Chrétienne.*
18	*Quinque Memorabilia maximi momenti.*	18	Les Cinq Evénemens Memorables du dernier jour.
19	*Fragmenta pretiosa de Oeconomia Regni Animalis, & de ipso Regno Animale, inter quæ reperitur per Excellens Tractatus Partium Generationis Utriusque Sexus & de Processu Generationis.*	19	Fragmens précieux sur l'Economie du *Régne Animal* & sur le dit régne en lui-même: dans lesquels on trouve un *Excellent Traité* sur les Parties Génitales de l'un & l'autre Sexe, & sur le Systême de la Génération.
20	*Fragmenta nonnulla De Cultu & Amore Dei.*	20	Fragmens divers sur le Culte & l'Amour de Dieu.
*21	*Clavis Hieroglyphica Arcanorum Spiritualium & Naturalium per viam Correspondentiarum & Repræsentationum.*	21	Clef Hiéroglyphique des Arcanes Spirituels & Naturels par la voie des Correspondances & des Représentations.

22 *Fragmenta*

22 *Fragmenta quædam in opere Minerali.*	22 Fragmens sur les opérations du rêgne minéral.
23 *Viarium Swedenborgii.*	23 Journal de Voyage du Baron de *Swedenborg*.
24 *Collectio Somnium Autoris, ab anno* 1736 *ad* 1755.	24 Collection des Songes de l'Auteur, depuis l'année 1736 jusqu'à 1755.

N. B. (*) Désigne les Traités qu'on imprime actuellement.

CONCLUSION.

Ami Lecteur,

Voici les Fragments les plus importants de ce très savant, véritablement pieux & inspiré Théologien de nos jours. Ferions-nous moins pour les préserver, que les savans de notre Siecle n'ont fait pour préserver ceux d'une plume prophane, qui a tant fait pour détruire la Religion, *cette source unique du bonheur* & dans le tems & dans l'éternité? Quant à nous, le SEIGNEUR nous aidant en cette entreprise épineuse, nous sommes déterminés à ne point souffrir, s'il est possible de l'empêcher, qu'ils restent plus longtems dans le *tombeau de l'oubli*, parce que nous les croyons tendre directement à l'établissement inébranlable du Rêgne du Seigneur sur la terre, & à faire, pour notre bonheur, sa volonté s'exécuter parmi nous, même en cette vie périssable, comme elle l'est parmi les Anges au séjour permanent de la félicité éternelle. Vous seuls dont l'esprit s'accorde avec le nôtre en cette opinion, daignez nous assister, en supportant, au *pro rata de vos facultés*, une partie des Dépenses qu'une telle entreprise entraine nécessairement, & que le tout se fasse à la gloire de notre Seigneur & Sauveur JESUS CHRIST, SEUL DIEU DU CIEL ET DE LA TERRE, *Amen*: & si notre entreprise s'accorde avec sa Volonté,

DOMINUS PROVIDEBIT.

TABLE DES MATIERES.

§ VII. Le

LETTRE

Fin de la Table des Matières.

AVIS.

On trouvera chez P. F. GOSSE, Libraire & Imprimeur de la Cour à LA HAYE, l'Ouvrage suivant du même Traducteur :

De la NOUVELLE JERUSALEM & de sa DOCTRINE CÉLESTE, *d'après ce qu'en a entendu du Ciel* EMANUEL Baron de SWEDENBORG, fidèle Serviteur du *Seigneur* JESUS-CHRIST, précédé d'une courte Dissertation touchant le NOUVEAU CIEL & la NOUVELLE TERRE. Le tout fidèlement rendu du LATIN en FRANÇOIS, dans l'unique vue que LA VERITÉ puisse devenir aussi familière au Monde, qu'il lui importe qu'elle le devienne, 8vo. Londres 1782.

www.ingramcontent.com/pod-product-compliance
Ingram Content Group UK Ltd.
Pitfield, Milton Keynes, MK11 3LW, UK
UKHW020255250726
13967UKWH00004B/1697